アンチ・サボタージュ・マニュアル

職場防衛篇

★組織を破壊から守る9の戦術

R・M・ガルフォード＋B・フリッシュ＋C・グリーン
越智啓太 監訳
国重浩一＋バーナード紫 訳

SIMPLE SABOTAGE
A Modern Field Manual for Detecting and Rooting Out Everyday Behaviors That Undermine Your Workplace

北大路書房

SIMPLE SABOTAGE:

A Modern Field Manual for Detecting and Rooting Out Everyday Behaviors That Undermine Your Workplace

Published by arrangement with HarperOne, an imprint of HarperCollins Publishers through Japan UNI Agency, Inc., Tokyo.

はじめに

Introduction

意図しないサボタージュが
あなたの組織を破壊する

INTRODUCTION

Prepared under direction of
The Director of Strategic Services

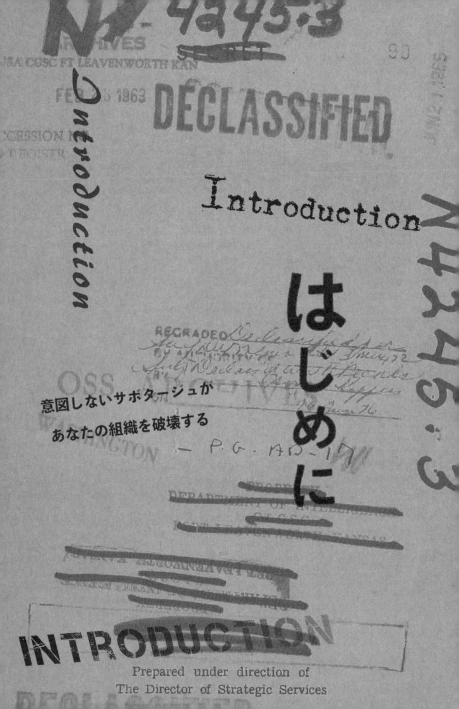

1944年1月、第二次世界大戦の最中、現CIAの前身である米国戦略諜報局（OSS）は、たぐい稀な機密文書を発行した。ウィリアム・J・ドノバン長官（通称ワイルド・ビル）の命令を受け、OSS工作員は、ヨーロッパのレジスタンスに参加するメンバーを組織し、サボタージュ戦術の訓練をした。これらの手法は、「サボタージュ・マニュアル」（*Simple Sabotage Field Manual*）というごく薄い冊子で発行された。これは、いくつかの言語に翻訳され、敵陣の背後にいる同盟軍の支援者たちにこっそりと配られた。このマニュアルには、気づかれることなく敵組織を混乱させ、士気をくじくための簡単な方法が詳細に記載されている。この作成者たちの意図は明確なものであった。「タイヤに切り込みを入れること、燃料タンクに穴を開けること、出火させること、口論を始めること、おかしな振る舞いをすること、電気回路をショートさせること、機械部品を摩耗させることなどは、資材、人材、時間を消耗させることにつながるであろう。広範囲に実施することによって、サボタージュは敵の戦争遂行努力に対する持続的かつ効果的な障害となるのである」。

めったに気づくことができない、このような無数の個人的な行為を積み重ねることによって、枢軸国を消耗させ、目的の遂行を防ぐことができる。前線で戦闘機、戦車、艦艇が敵と戦う一方で、OSSとレジスタンス工作員は、内部から攻めるために、このマニュアルの技術を使用したのであろう。

ほとんどのページは、サボタージュの物理的な行為についてのものである。「燃料タン

Introduction
はじめに

クに砂を混ぜる」「何につけ山積みになっている場所には、オイルを含んだ布を積み重ねて、発火をうながす」などバラエティに富んでいる。「のこぎりを使わないときに、若干ねじって置いておけ」、しばらくすれば、使うと壊れてしまうだろう。手に入るもので潤滑システムを目詰まりさせよ。「髪の毛、糸、虫の死骸、その他のごく普通のものは、供給ラインやフィルタを通じて流れるオイルを止めたり、妨げたりするだろう」。「分岐器の電気接点の上や近くの地面の上に、岩塩または普通の塩を振りまけ。雨が降れば、スイッチは漏電するだろう」。

冷却システム、燃料ライン、鉄道の分岐器、電気モーター、ギア、電話、トイレ、タイヤなど、本マニュアルは全編にわたって、どのようにトラブルを生じさせるかについて、また実行する際にどのようにして注意を引きつけずにすむかについての、具体的なアドバイスを提供している。

一方で、マニュアルの1章を費やして、敵を組織的に混乱させる方法を述べている。特に、意思決定プロセスと、会議や手続きの効率に関してのことである。

この章に記述されている戦術は、たいへん感知されにくいものであり、それゆえたいへん破壊的なものとなる。それらは、蔓延し蓄積しながら普通の無害な活動に便乗する、ウイルスのようなものである。まさにそれは、敵組織の基盤を弱め、無能に陥れる力を蔓延させる。またそれらは見つかりにくく、軽減したり、無効化したりするのが難しく、防止することはほとんど不可能である。

「サボタージュ・マニュアル」が示す8つの戦術を以下に示す。

1. 何事をするにも「決められた手順」を踏んでしなければならないと主張せよ。迅速な決断をするための簡略した手続きを認めるな。
2. 「演説」せよ。できるだけ頻繁に、延々と話せ。長い逸話や個人的な経験を持ち出して、自分の「論点」を説明せよ。適宜「愛国心」に満ちた話を入れることをためらうな。
3. 可能なところでは、「さらなる調査と検討」のためにすべての事柄を委員会に委ねろ。委員会はできるだけ大人数とせよ（けっして5人以下にしてはならない）。
4. できるだけ頻繁に無関係な問題を持ち出せ。
5. 通信、議事録、決議の細かい言い回しをめぐって議論せよ。
6. 以前の会議で決議されたことを再び持ち出し、その妥当性をめぐる議論を再開せよ。
7. 「用心深く」するように主張せよ。「合理的」になれ。他の会議出席者にも「合理的」になるように要請せよ。後に恥をかいたり、問題となるような軽率さを避けなければならない、と。
8. あらゆる決断に対する妥当性について懸念を示せ。計画された行動はそのグループの権限内にあるのか、それが上層部の方針と矛盾していないのか懸念を投げかけろ。[◆1]

[redacted] DECLASSIFIED

tors to cause power leakage. It will be quite easy, too, for them to tie a piece of very heavy string several times back and forth between two parallel transmission lines, winding it several turns around the wire each time. Beforehand, the string should be heavily saturated with salt and then dried. When it rains, the string becomes a conductor, and a short-circuit will result.

(11) *General Interference with Organizations and Production*

(a) Organizations and Conferences

(1) Insist on doing everything through "channels." Never permit short-cuts to be taken in order to expedite decisions.

(2) Make "speeches." Talk as frequently as possible and at great length. Illustrate your "points" by long anecdotes and accounts of personal experiences. Never hesitate to make a few appropriate "patriotic" comments.

(3) When possible, refer all matters to committees, for "further study and consideration." Attempt to make the committees as large as possible — never less than five.

(4) Bring up irrelevant issues as frequently as possible.

(5) Haggle over precise wordings of communications, minutes, resolutions.

(6) Refer back to matters decided upon at the last meeting and attempt to re-open the question of the advisability of that decision.

(7) Advocate "caution." Be "reasonable" and urge your fellow-conferees to be "reasonable" and avoid haste which might result in embarrassments or difficulties later on.

(8) Be worried about the propriety of any decision — raise the question of whether such action as is contemplated lies within the jurisdiction of the group or whether it might conflict with the policy of some higher echelon.

28

DECLASSIFIED

1944年に作成された「サボタージュ・マニュアル」内で「組織や生産に対する一般的な妨害」の章に記載されている8つの戦術

これらの8つの戦術は、比較的無害と見えるだろうか？　実際のところ、これらは、人々が一緒にグループとして活動する際に、不可欠な行動の側面を示しているのではないだろうか？　たとえば、「決められた手順」は重要なことである。これは、考えが十分に吟味され、ひとたび決断が下されたならば、遂行する際に必要な資源や技術が投入されるのを確実にするために不可欠なコミュニケーションツールである。「用心深さ」も重要である。仮に用心深さを投げ捨て、常に「構え、撃て、狙え」アプローチをするのであれば、混乱を引き起こしてしまうであろう（訳注：通常のアプローチは「構え、狙え、撃て」となるが、ここでは狙いを定める前に撃ってしまうような軽率さを意味する）。

ここで次のことを心に留めるべきである。ＯＳＳは、このような敵の反応を予測していたのだ。ＯＳＳのリーダーたちは、レジスタンス工作員が捕まり、殺されることを望んではいなかった。そのため、これらの戦術を、たいへんもっともらしく、言いのがれできるものとしたのである。それらは、たいへんよい振る舞いが、少し極端になったものである。そこが、この戦術の狡猾さであろう。

１９４４年以来、この強力な戦術は、今日まで生き残っている。マニュアル自体は、ずっと以前に機密解除されているが、その中で推奨されているサボタージュの行為は、70年前に劣らず、狡猾で、確実に組織を蝕んでいくものである。さらに、世界規模の企業や非営利団体から、学校、教会、委員会、そして小さなビジネスにいたるまで、世界中どのような規模の、どのような種類のグループにおいても、このようなことは日々発生しているものである。その中のいくつかは、疑いもなく、あなたのところでも起こっていることなのだ。

あなたたちの中にスパイが紛れ込んでいる、と言っているのではない。目標に到達するのを阻む、執拗な内部レジスタンス運動が存在している可能性は低い。しかし、誰かしらが無意識にマニュアルの数ページを手本にしている確率は高い。そのままにしておけば、あなたや組織のパフォーマンスを引き下げ、あなたのグループや組織を弱体化させることだろう。最悪のシナリオは、歯車が止まるまで消耗させてしまうことである。

私たちは、このOSSの戦術を多くの友人や同僚、クライアントに見せた。ほとんどの場合、彼らは含み笑いをしながら次のように答えた。「このリストは、私の（部署、会社、ボランティアグループ、読書クラブ、理事会）のことを言っているよ」「すべて以前に聞いたことのあるものばかりだよ」。

これが、私たちが本書を書いた理由である。何十年もの間、大規模、小規模、公的、私的、非営利の団体など、組織にいる個人やグループと関わってきた経験の中で、このように組織を蝕んでいく戦術が行われるのを見てきた。それらが与える損害を目の当たりにしたので、さまざまな産業や国のクライアントとそれらを見分け、対抗し、防止する方法を考案するために取り組んできた。

OSSは、組織をダメにするための8つの戦術を提示した。本書は、それぞれの章で1つずつ取り扱っていく。しかしその過程で、私たちは、過去数十年の間に新しい組織の形態が生まれ、新しい技術が出現したために、計画を台なしにする新しい方法も同様に生まれたことに気がついた。そのため、「サボタージュ・マニュアル」が記述された後に日常化した、最も効果的な（つまりは、最も損害を与える）新しい戦術について、1章を追加した。

たぶん、本書に述べるサボタージュのテクニックのほとんどは、なじみのあるものだろう。そのいくつかについては、人の奇妙な、あるいはうっとうしい行動以外の何物でもないと思い、笑いたくなるだろう。それらは簡単に正すことができると考えるかもしれない。「同僚、部下、または上司に、これらの点について指摘さえすれば、このような振る舞いは止まる。これで問題は解決だよ」と思うだろう。

しかし、このような組織を蝕んでいく行動を一掃することは、単純なことではない。なぜならば、これらは多くの場合、企業生命やグループ行動として称賛に値する側面が、突然変異し、行き過ぎた行為となったものだからである。これらとは、規則を順守すること、しっかりと手順が取られているか確認すること、意思決定の際に同僚を含めていくこと、決議が正しい方法でなされているか見届けること、などである。このような行為は徐々に、職場文化の一部となるため、それらを見つけ出して区別することは簡単なことではなくなる。サボタージュをあばき出し、それに対する予防接種を施すには、いくつかの段階が必要となる。

識別：起こっているサボタージュを見つけ出し、よき振る舞いが境界線を越え、非生産的あるいは破壊的なものとなっているのを、他の者に見えるようにうながすこと。

測定：望ましい行動の範囲、つまり許容範囲に対する期待値を導入し、生産的な行動を推奨し、サボタージュを防ぐ。

修正：組織内のすべての人に、有害な行動を建設的な方法で、指摘することを許可し、そのための言語や技術を提供する。

予防接種：サボタージュが再び起こらないように（あるいは、最初から起こらないように）、そして、低サボタージュ文化を発展させるための、ツール、測定基準、工程変更を導入する。

実際にはこのような段階は、ここに示すように連続的に生じることもあるが、多くの場合、（これからの章で述べるように）一度に起こるべくして起こるものである。これは、誰がサボタージュを見つけ出したのか（その人は、グループでどのような権限をもっているか）、なぜサボタージュが生じているのか、そして、それはどのような種類のグループなのかなど、サボタージュの種類に依存する。

長年、ビジネス戦略家として仕事をしてきた私たち3人は、劇的に現状を打開することを約束したり、組織をどのように運営すべきかを再考する急進的な方法を提供する本を数多く読んできた。本書はそのような本ではない。本書『アンチ・サボタージュ・マニュアル』は、仕事を進めていく際に私たちが頼っているような、日々の決まりきったやり取りや手続きが、意図しないサボタージュによって弱体化させられていることについてのものである。数百もの、いや数千にも及ぶ小さな、かすかに認識できるほどの、イライラさせるもの——機械の動きを妨げる「砂の粒」——を識別し、取り除くことによって、職場やグループにおける体験と、それらの存在のあり方を変えることになるだろう。それは、効率を上げ、創造性を促進させ、職場の関係を改善することにつながる。あなたがサボタージュの真っ只中にいようと、サボタージュが進行中の部署、部門、会社を管理していようと、または、管理者、前線の職員、経営幹部レベルの者であろうとなかろうと、私たちはグループを本来あるべき生産的なものとする方法を示していきたい。

目次

3. 委員会によるサボタージュ 57

4. 無関係な問題によるサボタージュ　81

5. 論争によるサボタージュ　101

目次

1.

Sabotage by Obedience

従順によるサボタージュ

何事をするにも
決められた手順を踏んで
しなければならないと主張せよ。

迅速な決断をするための
簡略した手続きを認めるな。

Prepared under direction of
The Director of Strategic Services

取引は暗礁に乗り上げていた。会社は長年にわたる顧客を失いかけていた。マイケルはそのことに気づいていたが、何もすることができなかった。

顧客のサマンサが、午後遅く、突然電話をかけてきた。競合相手のソフトウェア会社が、ソフトウェア、トレーニング、サポートのパッケージを、今の価格よりも少しばかり安く売り込んできたというのである。競合相手は、トレーニング時間もより多く提供していた。マイケルの会社が提供している今の価格が最善かつ最終的なオファーであることはわかっていたが、競合価格に対抗するために、ほんの少しだけ色をつけることはできないだろうか？　サマンサは、早急な返答を必要としていた。なぜならば、その日のうちに落札者を決めなければならなかったからである。

「俺にはできない」と、マイケルはみぞおちの辺りがムカムカするのを感じながら思った。最近の営業会議で、セールス部門の次長であるマイケルの上司が「大盤振る舞いの無鉄砲な価格をやめるために」入札価格に関するすべての変更には、部長または次長の承認が必要である、と述べたばかりであった。

自分自身の裁量に任されていれば、マイケルは競合相手の価格に合わせただろう。サマンサの会社をよく知っていたし、追加サービスを提供することで数か月内に十分に差額を補うことができると感じていた。しかし、彼は入札価格を下げる権限を持ち合わせていない。その上、部長と次長はヨーロッパに行く途中で、捕まえることができないのを知っていた。

1. Sabotage by Obedience
従順によるサボタージュ

マイケルは、自分の会社を沈めようとしているのではない。彼は、勤勉な働き手である。自分の仕事を気に入っている。彼は、利益の出ない契約によって、セールスマンが会社を危険に晒すことがないように設けられた規則を守っているだけなのである。決められた手順を踏んでしなければならないと主張すること、つまり、部長と次長が決めた手続きを厳密に順守し、認められている範囲を超える状況に対しては、何事も承認を伺うことによって、マイケルは技術的に「正しいこと」をしているのである。

ところが彼のよき行いは、会社に契約を失わせようとしている。マイケルは、ほんのわずかな——しかし取り計らうことのできない値引きなくしては——その取引が成立しないことを理解していた。取引を失うことがまずいのも理解していた。

サボタージュ工作員が、模範となるような雇用者や同僚であるはずはない、と思うかもしれない。彼らは、規則の目をくぐり、近道を行きたがる者であると思うかもしれない。ところがマイケルは、私たちが呼ぶところの**従順によるサボタージュ工作員**なのである。彼は、従業員ハンドブックが示すガイドラインや、セールス部門の長が決めた手順や規則から脇へそれることはない。だが、彼の規則の順守、それを破ることがない姿勢によって、会社は顧客を失いかけている。

従順（ただ言われた通りのことをし、自分の権限の範囲外のことはしない）は、普通は正しい振る舞いであろう。それは、予想可能なのだ。自分が過ちを犯していないという理解からくる自信をもって、働くことができる。さらによいことに、「規則通り行っている」

ので、意思決定を、しばしば「決められた場所に色を塗っていく」ような単純な行為に軽減することができる。全員が変動性を無視して手順のみを追うことができれば、ほとんど常に、組織はスムーズに運営することができる。しかし従順さは、理由が何であろうと、うまく機能しないプロセスを乗り越えようとする個人的な判断を妨げるとき、一瞬にして**従順によるサボタージュ**へと変わるのだ。これこそが、ＯＳＳが当てにしていたことだ。これが、マイケルに起こったことなのである。そして、あなたの組織でも起こる可能性がある。

いつ従順さがサボタージュとなるのか？

あなたの組織やグループで、この種のサボタージュがいつ発生しているかを見分けるためには、行動を支配している正規の、あるいは暗黙の規則を分析することから始め、それぞれがなぜ必要なのかを説明できるかどうかを見定めてみる。成し遂げたい仕事の種類、一緒に仕事をしている人々の種類、その規則の性質、目標に対する個人の裁量権について考えてほしい。

たとえば、小売店チェーンのリーダーは、顧客が商品の返品窓口であまりゴタゴタ言われることなく、迅速かつ容易に返品できるようにするのか、それともその返品が正当化されたときにのみ返品されることを確実にするためすべての書類を整えるのか——について検討する必要があるだろう。明らかに、2つの考えの間にバランスの取れた点というものが存在する。とはいえ、どちらがより大切といえるだろうか？　バランスの取れたところとは、中間地点であろうか？　あるいは、顧客の利便性と、不正行為からの損失を防ぐことのどちらが重要なのだろうか？

その上で、次の点を問うてみよう。担当者が完全に自身で決断を下す裁量をもっているとすれば、どこでこの裁量権が厄介事を引き起こすだろうか？　手続きや指示を順守することが再優先される企業としては、医療関係が思い浮かぶ。さらに、食品安全の検査官が含有物を承認する際、個人の基準で判断することを私たちが歓迎するとは思えない。

一方でその時々に、クリエイティブで、革新的で、責任を負いつつ、効果的であるために、人はどの程度の裁量を必要としているのだろうか？　たとえば、ある職への応募者が、面接前に基本的な質問について尋ねるために雇用委員会に連絡したところ、委員長が休暇で不在であったことを想像してほしい。応募者がそのポジションへの興味を失わないように、その質問に他の誰かが答えることはできるだろうか？

あなたのグループの文化は、マニュアルや、決められた手順を通じて物事を実施するにあたって、包括的に見ればどのようなメッセージを伝えているだろうか？　そして、なぜそのような特定のメッセージが伝えられているのだろうか？　それは、意図的に、つまり意識してコントロールされたものだろうか？　あるいは、時とともに蓄積した数えきれないほどの決定や政策の、意図しない結果なのだろうか？　このメッセージは依然として適か？

用されるべきか？　それは、理事会からすべてのグループメンバーにまであてはまるものか？

これらの質問に答えていくことによって、どの手順や行動規範が必要不可欠なものか、いつ決められた手順の通りに行うことが必須なのか、そして、いつ裁量が許されるべきなのかについて、しっかりと理解することができるだろう。この知識をもって武装すると、規則を追うことにあまりにも真面目になり過ぎることによって、誰が深刻なダメージを与えているかを把握し始めることができる。

優れた全国的建築会社であるシェプリー・ブルフィンチ社の最高幹部たちは、仕事の経路を評価するプロセスを必死で改善しようとしているので、このような質問を定期的に自らに問いかけている。専門的なサービスを提供する多くの会社と同様に、この会社は、幹部やプロジェクトマネジャーに対して、間近に迫っている業務量について定期的な報告書を提出するように求めている。ところが以前マネジャーは、進行中のプロジェクトすべてを報告書に含めるように要求されていた。あるとき会社は、喜んで従う数多くの**従順によるサボタージュ工作員**が、それを歓迎しているのを見つけたのだ。これらのマネジャーは、言われたことをただするだけであった。予測できない変数がいくつかの仕事を遅らせる可能性があったとしても、その報告書にすべてのプロジェクトを含めていたのである。もっと現実的な他のスタッフは、この規則を完全には守っていなかった。自分たちの報告書からリスキーなプロジェクトを省くか、あるいは、少なくとも工期について、より控えめな

1. Sabotage by Obedience
従順によるサボタージュ

見通しを描くことによって、本当のことは言わないでおいた。

単に決められた手順で規定に則った提出手続きをサボタージュ工作員に課すことは、行き当たりばったりの資源配分のリスクと、浮き沈みの激しい状況を繰り返し生じさせるリスクを高めるような、不正確な報告書をつくり出すことにつながっていた。そのため、シェプリー・ブルフィンチ社の指導者たちは、不正確な報告書といえども、とにかく報告書があることが重要なのか、それとも第3の選択肢をつくり出す必要があるかどうかを解明しなければならなかった。

その結果、第3の選択肢を選んだのである。現在、プロジェクトリーダーは、バランスの取れた予測メカニズムを作成するために、定期的に会社のCFO（最高財務責任者）と会合をもち、マネジャーは、日常的に自分たちの予測に注釈をつけていくように求められている。従順さが無意識のサボタージュにどうつながっているかを認識することは、問題の修正に向かう第一歩であった。

ニューヨーク証券取引所で1・6億ドルの実績をもつ小売業者であるステージ・ストア社のマイケル・グレイザーCEOも、常に会社の規則を査定している。実のところ、彼がCEOに就任して最初にしたことは、特定の規則を効果的に評価することができるように、なぜそれらが存在するかを理解しようとしたことだ、と私たちに語ってくれた。以前の経営陣は、ほぼ完全にマージンに焦点を当てていた。結果として、マージンを最小としないようにするための仕入れの規則を設けていた。たぶんこのような規則は――グレイザーには定かでなかったが——時には会社を財務上の破綻から救ったことであろう。彼が任に就いたときに知っていたのは、ステージ・ストア社のバイヤーは、最も魅力的で需要の高い衣類のストックを許していないということであった。

「私たちは、本当に限られた種類のナイキ商品しか扱っていなかったんだよ」と彼は話した。「私たちの顧客は、ナイキのブランドを探しに店を訪れるのだろうが、不満に感じて、手ぶらで帰るんだ。私たちの競争相手に商売をさせるようなものだね。そうなんだ。人気のあるブランドはマージンが薄いんだ。しかし、もし顧客がお目当てのナイキの商品に加えて、上着を2つばかりとジャケットを買ってくれれば、全体として悪くないマージンを手に入れることができるんだ。バイヤーは経営陣からの指示に従っていたが、彼らの従順さがビジネスに損害を与えていたんだ。彼らはそのことに気づいていたが、何もすることができなかったんだよ」。

グレイザーもマージンには関心がある。しかしひとたび、既存の規則がビジネス全体に対して、実際にどのような害をもたらしているかを理解すると、彼は、会社のバイヤーに向けての指針を再評価し、改定した。それは、最終的に収益を上げる購入の決定を妨げるような、柔軟性に欠けたものではない。

1. Sabotage by Obedience
従順によるサボタージュ

ベルカーブテスト

あなたは、自分のグループの中で声の大きい人は誰なのかを知っていることだろう。そのような人たちは、まわりとあまり調和することもなく、おそらくあなたをイライラさせていることだろう。彼らがどこにいるかを見つけるのは簡単なことである。しかし、**従順によるサボタージュ工作員**（そして、彼らが従っているマズイ規則）を探し出すためには、ノイズをまったく出さない人々を探す必要がある。

たとえば、ホテルの夜間マネジャーが、夜遅く到着した顧客にグレードの高い部屋を提供する権限をもっているとしよう。このマネジャーは、玄関から入ってくる顧客全員に部屋のアップグレードを提供することができるが、それをまったくしないかもしれない。この行動を追うことは簡単だ。その行動規範がどこにあるかを理解するために、

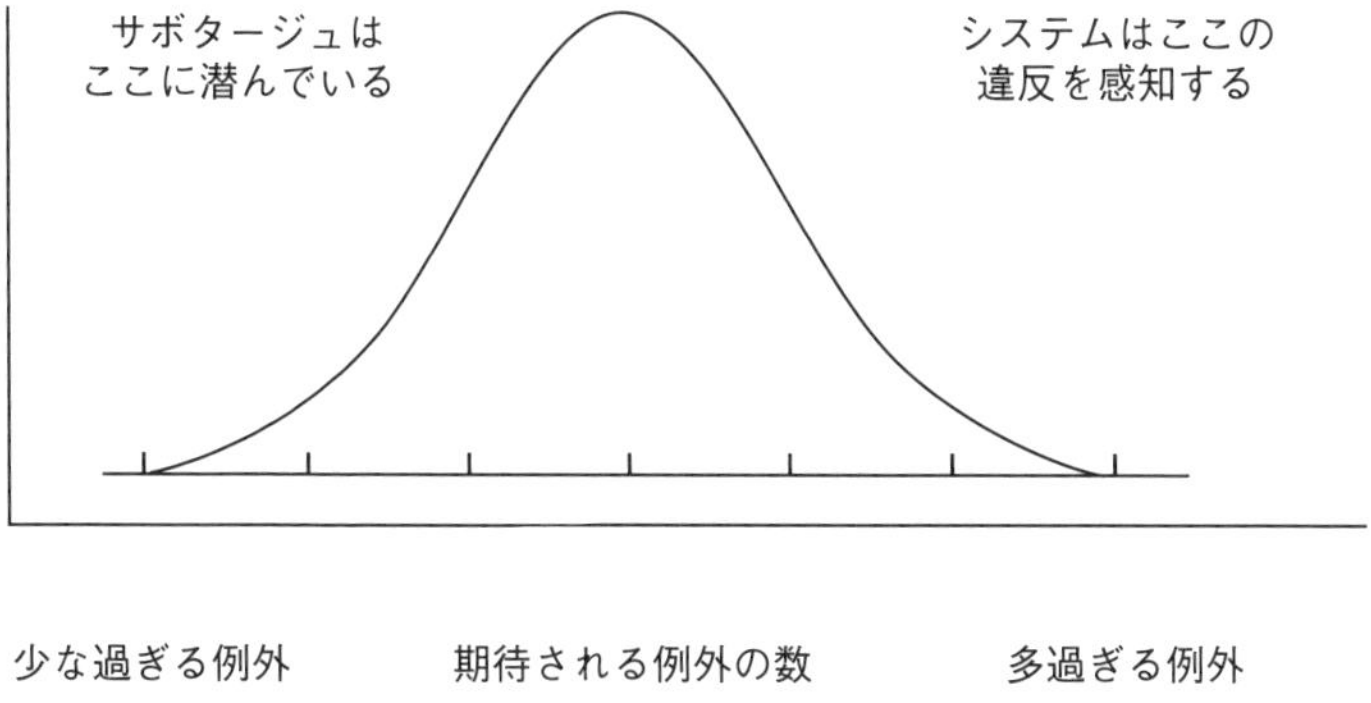

あなたが期待する例外の数を中心に据えたベルカーブを作成する。図にあるように、雇用者があなたのガイドラインの限界を超えているのを示すカーブの最も右端を見ることによって、誰がアップグレードを多用し過ぎているか、あるいは、誰が認可されていないアップグレードを提供しているかが明確になるだろう。

一方で、反対側の端にいる、アップグレードをほとんど提供しないマネジャーが誰なのかも明らかになる。突き詰めていくと、これらのマネジャーのほうがより厄介な脅威である。彼らは、口やかましい存在ではない。ただ人目につかないのだ。しかし、このような行動は、徐々に、そして確実に、あなたの会社の硬直性をつくり上げていく。そして、硬直性が裂け目の原因となるのだ。

すべての組織が、ベルカーブテストを容易に実施できるデータを定期的に集めているわけではない。しかしデータがあれば、ことに接客業においては、このテストを実施すべきだ。このカーブに示される「隠れた」側面を露呈させることは、**従順によるサボタージュ**撲滅に向かっての、大きなステップとなる。

「従順によるサボタージュ工作員」を更生し、防ぐ

従順によるサボタージュ工作員を見つけたときには、いくつかの対応策を取ることができる。シェプリー・ブルフィンチ社とステージ・ストア社がしたように、彼らの仕事を管

1. Sabotage by Obedience
従順によるサボタージュ

理する規則を書き直すことも含まれるだろう。ところが、解決策はもっと単純なことかもしれない（もっとも、言うほど簡単ではないのだが）。それは、サボタージュ工作員の職務明細書や役割を見直して、彼自身の個人的な判断が期待され、必要とされていることを明確にすることである。

たとえば管理者として、部下が**従順によるサボタージュ工作員**であることを疑っているのであれば、場合によっては個人的な判断を下す責任を与えてみる。そして、たとえ結果としては成功しなくとも、多少リスクのある行動を取っても大丈夫なのだと理解させ、コーチングしながら最後までやり抜かせる。

もしそのサボタージュ工作員が高い役職に就いている場合には、対策はより複雑なものとなる。高い管理職に就いている者が、部署内、あるいは職務中に、チーム全体にわたって理にかなった規則破りを妨げ、「自分の身を守る」行動を促進させる文化をつくり上げているかもしれない。このような場合は、すべてのチームメンバーが、自分の行動が組織に及ぼすネガティブな影響を理解する必要がある。チーム全体がコーチングを受けたほうがよいかもしれない。

従順によるサボタージュ工作員に対抗して、組織やグループに広範囲にわたって予防接種を行い、また**従順によるサボタージュ**について人々が気楽に話せるようにし、それらを容易に見つけ、必要とあれば解決するために、次に示す4つのステップをできるだけ多く、あなたの状況に応用してほしい。

能力評価基準と奨励制度を再考する

あなたの設定した評価基準、つまり評価する事柄やその評価方法は、プロセスや期待する成果を向上するものであってほしいはずだ。たとえ常識的な考えに反してまでも規則を順守することに対して報酬を与えるとすれば、それは気づかぬままに**従順によるサボタージュ工作員**をつくり上げてしまう。評価基準がサボタージュをつくり出すことがないように、次のステップを追う必要がある。

自分の管理下にある職種のすべてを追跡する能力評価基準の目録をつくる。

たとえばホテルチェーンでは、フロントの責任者が何枚のアップグレード優待券を発行したかをモニターしておきたい。

それぞれの評価基準が必要か否かを検討する。

フロントの責任者が提供するアップグレードが多過ぎたり、少な過ぎたりするとホテルに影響するだろうか？　もちろんだ。アップグレードをあまりにも多数提供すれば、通常の客室の価値を下げることになるし、顧客に自分の支払った金額以上のものを期待させることにつながる、とホテル経営者は考えるものだ。一方で、少な過ぎる場合には、お得意様に対して日頃のご愛顧に報いる機会を失うことになる。

1. Sabotage by Obedience
従順によるサボタージュ

それぞれの評価基準とより高い利益とをつなぐ明確なリンクを識別する。

ホテルにとって多過ぎるアップグレードは、清掃コスト、食事コストの増加をもたらすが、顧客が通常の客室を利用するときには、顧客満足度の低下を招く。

従順な雇用者がどのような行動を取るかを究明する。

従順なフロントマネジャーは、常連の顧客に対して時にはアップグレードを提供すべきであるが、その度に会社にコストがかかることに気づいている必要がある。

「もし誰かが、この評価基準を極度に適用するとすれば、何が起こるか」と自身に問いかけてみることだ。「その行動は依然として望ましいものであろうか、それとも不都合な結果をもたらすであろうか?」

この例の場合は、**従順によるサボタージュ工作員**がアップグレードを提供したとしても、その数はたいへん少ないので、常連客はいつも利用していることを認めてもらうことができず、離れていってしまうかもしれない。

極端な行動を明らかにするための判断基準を設ける。

ここで示した例では、判断システムは、少な過ぎるアップグレードではなく、多過ぎるアップグレードを認識できるように設計される。**従順によるサボタージュ工作員**は、見つアップグレードを多く提供するフロント責任者ではなく、少なく提供するフロント責任者に注意をするべきである。

評価基準は、定量的なものではなく、時には質的なものとする必要もある。それぞれのステップで生じた課題に対する答えを見つけ出すことは、具体的な数字ではなく、観察や判断に依存することであると理解してよいかもしれない。いずれにしても、正当性を評価することによって、サボタージュ工作員を捕獲する確率の高い網をつくり上げることができる。

奨励プログラムにも気を配りたい。一時的なイニシアティブを目的とした奨励プログラムは、従業員が「システムを自分に有利になるように最大限利用」し、その過程で会社に損害を与える結果となってしまうことがある。このような従業員は、自分たちの行動が会社に損害を与えているなどとは思ってもいない。彼らの焦点は、自分の職務と報酬にあるのだ。つまるところ、あなたが彼らのためにつくった規則を、単純に追っているだけなのだ。彼らは従順なので、たいへん見つけにくい。

私たちのあるクライアントは、さらに多くの小売店に、自社の代表的な商品の1つである漂白剤を置いてもらうことを狙っており、季節セールの推奨プログラムとして新口座開設をセールスマンに提供し始めた。セールスマンが開設した新しい口座のすべてに対して、即時にキャッシュのボーナスが支払われるのである。新しい小売販売の口座に対する報酬

1. Sabotage by Obedience
従順によるサボタージュ

は、まったくもって悪くないものであった。売れ残った商品は90日までであれば返却することができ、口座をキャンセルしたとしても、何のペナルティも課されなかった。

プログラムが開始して2週間後、会社のCEOがあるガソリンスタンドに行ったときに、建物のうしろに日晒しで山積みになっている製品を見つけたのである（漂白剤は直射日光を避けて保管する必要があるし、当然のことながら、ガソリンスタンドは、人が普通漂白剤を買いに行く場所ではない）。後に、あるセールスマンが、ガソリンスタンドのオーナーである友人のところに行き、口座を開き、数週間後に売れ残った商品を返却するように頼んだことが判明した。

このセールスマンは、生活の糧をもたらしてくれる自分の会社に損害を与えたかったのだろうか？　違う。会社全体の健全性のことはまるで眼中になかったのである。彼は、トップ・マネジャーのように考えてはいなかった。彼は単に会社が自分の目の前にぶら下げたニンジンを追っていただけなのだ。つくられた規則内で、生真面目に「得点板に得点を入れていた」だけなのである。CEO（最高経営責任者）にとっては不意を突かれたようなものだ。たぶん、皆さんはこの結果を予想できたのではないだろうか。

極端な「継続的改善」を防ぐ

「犬が車を追いかける」という古い言い回しがある。車を捕まえたとしても、いったい犬に何ができるというのだろうか？　同様に、それ自体を追うことが習慣となって、どこで止めたらいいのか妥当な感覚を失っているために、特定の成果や能力評価基準をただ追っているだけの組織もある。

この問題は、「継続的な改善」の文化をもつ組織内で、特に深刻である。継続的な改善は、W・エドワーズ・デミングが20世紀半ばに提唱した経営哲学である。この哲学は、システムとしてのプロセスをふまえ、システムのそれぞれの構成要素が、継続してその質を高め、コストを削減しようとすれば、能率と成功が伴ってくるというものである。ところが、これを極端なまでに適用しようとすると、継続的な改善さえサボタージュにつながっていく。

私たちが知るある会社では、コールセンターのマネジャーが、自分のチームが電話に出るまでのコール回数を平均1・4回から1・2回に改善しようとしていた。その部門の部長は「1・4回のコールの後で、どの程度の顧客がわれわれに愛想を尽かすんだね？」と尋ねた。そのマネジャーは「ほとんどありません」と答えたのだ。「実際には、電話をかけてくる人で、3度目のコール音の前に電話を切ってしまうような人はいません」。けれども、コールセンターのマネジャーは、より素早く電話を取るように取り組むべきだと主張したのである。いったいなぜだろうか？

それは、電話に早く出るようにさせることが彼の仕事であり、つまりは、早ければ早いほどよいということなのである。彼は、結果を無視してプロセスだけを優先していないだろうか、という質問など考えもしなかっただろう。つまりは、**従順によるサボタージュエ**

10 Sabotage by Obedience
従順によるサボタージュ

作員の1人となっていたのである。なぜ少ない回数のコール音で出るようにするべきかを彼に尋ねたなら、より早いほど顧客満足度が改善されるから、と答えただろう。それはそうだろう。しかし、閾値はコール音3回である。コール音3回よりも早くできているのであれば、それより早くしようとも、顧客満足度が改善されることはない。繰り返し繰り返し私たちが遭遇する問題は、誰一人として、世界のコールセンター長に「何か他のものを改善するように」とは言わない、ということなのだ。

この種のサボタージュが自分のグループ内で発生するのを避けるためには、少し距離をおき、定位置にある継続改善プログラムに対して、正式な再検討を行うことである。もしそれらが妥当でないとわかれば、その電源のプラグを抜くべきだろう。

一方で、それらのプログラムが依然として有益なものであれば、どこでよき行いが行き過ぎてしまうかを把握する。(コール音2回で十分というような)答えが見つからない場合には、新しい分析を導入するべきだ。

最後に、「改善疲れ」を警戒しよう。組織も人と同様に、自己改善の依存症となる。私たちは皆、どこかで理にかなった程度を超えて、食事や運動を極端にする友人をもっているものだ。従業員に従業員マニュアルを休憩時間に再読することを課していたレストランを私たちは知っている。これはやり過ぎだろう。人を消耗させてはいけない。

人が疲れ果ててくると、生気のない目で規則に従い、心を閉ざしてしまいがちになる。規則が仕事をうまくやるための能力を台なしにしてしまうことに、彼らは気づかないのかもしれない。あなたがそのように疲れきった一人であるとすれば、ぜひ声を上げてほしい。実際、「継続改善休暇」という呼び名を考えてみてほしい。1週間、従業員を終わりのない仕事から開放し、少し距離を取った上で、自分たちの体験がどのようなものであったかをふり返ってもらい、プログラムに対する彼らの思いを提供してもらうことができる。そのような休暇の後には、自分たちの助けとなる規則と、時に行き過ぎてしまう規則の両方について、客観的でバランスの取れた視点をもてるようなっているだろう。

間違いを寛容し、よい判断を称賛する

人は自分自身の判断に頼ると、悪いほうに行ってしまうことがある（つまりは、判断ミスとあなたが思うようなことをしてしまうのだ）。大義のためには、このようなミスは寛容されなければならない。古いことわざは、このことをよく言い表している。「良き判断は経験から生まれ、経験は悪しき判断からもたらされる」。

たとえば、あるニューイングランドの消防署で、すべての従業員がメディア関係者に話すのを許したことがあった。それまでの運営陣の下では、所長だけがメディア関係者に話していた。所長が不在のときには、ニュースには「ノーコメント」とだけ掲載された。それは、気まずく、回避的に見えることもあった。さらに重要なことには、「ノーコメント」ばかりでは、メディア関係者にフラストレーションを引き起こす。予算の増加のように、

物議をかもすような話題を扱うときにはよいことではない。新しい所長は、消防士、救急隊員や従業員が常に自分と同じように話せるわけではなく、時には口ごもってしまうことにも気づいた。しかし、この領域に裁量を与えることは、個人の成長にも重要なことだと理解したのである。彼はまた、多くの重要な手続きが必要とされる環境下においては、個々の判断も大切であることを人に気づかせることが重要だと知っていたのである。そう、彼はたいへん寛大だった。

所長は、メディア関係者が尋ねるであろう質問に対して、組織の従業員が対応できるようにもしたのである。そのガイドラインも設け、期待される姿勢も明確にした。それは、はっきり、簡潔に、事実に基づき、プライバシーの法律を尊重せよ、ということだった。

あなたの職場グループ内の寛容度を高めるために、私たちが「痛いミスの共有」と呼ぶものを試してみるように勧める。どのようなものか説明しよう。テーブルを囲み、皆が自分の起こした実際のミス、つまり、語るのが難しい、うまく収まらなかったミスを話す。それは、クライアントの事務所に遅れてしまったが、到着したときに煙を見つけ、警報を鳴らして危機を救ったところ、それに感謝したクライアントは発注を3倍にしてくれた、というような話ではない。そのミスは、苦渋に満ちたものであり、その結果から教訓を学ぶほかない、という辛いものなのである。

ほとんどのミスは、この演習が露呈するようなものと比べると、それほど悪く見えないだろう。過ちとは相対的なものであることがわかれば、会社にとってよかれと信じてすることに対しては、従業員はあえて冒険してくれるかもしれない。

しかしあなたの組織を**従順によるサボタージュ工作員**から守るには、たとえ規則を破っていたとしても、人が見事な判断を下したときの例を称賛する以外に、最良の道はないだろう。

フェデラル・エクスプレスの元パイロット、バーナード・ブルジョアの物語は今でもフェデックスの従業員の間でよく知られている。ジェームズ・ザイゲンファスの著書『*Customer Friendly*（顧客に快適なサービス）』によれば、フェデックスが創業したばかりのころ、ブルジョア機長の機体がクリーブランドの空港ランプで止まってしまった。スタートしたばかりの会社は請求書の支払いに難渋していたので、ブルジョア機長は、メンフィスにあるフェデックスの拠点に戻るために必要な200ガロンの燃料を調達することができなかった。

ブルジョア機長はフライトオペレーションに連絡した。その担当者は、機長にクレジットカードを持っていないか尋ねた。彼は持っていたので、そのカードで燃料代を支払い、会社はスケジュール通りの運行に戻ることができた。そのことをふり返るとき、ブルジョア機長は「お金が戻ってくるかどうかなんて知らなかったよ。ただ『どうにでもなれって』思ったんだ」[1]。

燃料を購入することは、会社の決まりに反している。しかし、会社はその決断を称賛した。この出来事や同様の精神をもつ出来事を公表することによって、フェデックスは起業精神とリスクを厭わない文化をつくり上げたのである。

組織内で行うごく簡単な称賛演習を試してみてほしい（または、勧めてみてほしい）。目安箱あるいは専用のメールアドレスを設置し、仕事で同僚が行った理にかなった規則破り、あるいはリスクを厭わない実例を説明したものを投稿するように呼びかける。プライバシーを尊重するのは当然のことだが、毎回のミーティングでいくつか読み上げる。人々が気づいていることにきっと驚くことだろう。投稿の主題にも驚かされるだろう。そして、小さな称賛の投稿に感謝したい気持ちになるのである。

確立されたプロセスの論理を問い、検証する

単に「それが、私たちがいつもやってきた方法なんですよ」という理由で、あなたのグループや組織が大多数のことをしているのであれば、たぶん、そのプロセスの大掃除をする時期である。あなたや同僚は、利益より損害を多くもたらすプロセスを保護していることに気づくかもしれない。

次のことを考えてみてほしい。長年にわたって、医療保険会社は、専門家が患者を診る前に、一般医からの紹介状が必要であると主張してきた。主要な保険会社がこれらの紹介状が正当なものかどうか、どの程度確認しているかご存じだろうか？　実務時間の1%程度なのである。ところが患者と医師は、紹介状をめぐって何時間もの時間を費やしている。

そこで、ある保険会社は、プランによっては紹介状を停止する決断をした。すると一般医の紹介状はもはや必要ないので、患者に向けた専門医のネットワークを広げることができた。患者が皮膚科専門医にかかる必要があれば、直接その医師にかかることができるようになったのだ。

以前には紹介状をめぐる事務処理を管理するために向けられていた資源の一部を、専門医に頻繁にかかり過ぎているように見える少数の患者を見つけ出すことに向け、これらの患者が専門医にかかる際のガイドラインを課すことになった。そして大多数は、この新しい単刀直入なプロセスを歓迎した。結果的に、このプランは顧客の満足度を向上させ、大きなコスト削減につながった。

これが、会社におけるプロセスを総点検する際の、苦痛のない方法である。経験のある社員に、その役割について新人研修を担当してもらおう。新しい社員は、正当な理由に基づいて正当なことをするようにきちんと告げられているだろうか。

あなたがもっと大規模な組織のマネジャーであるとすれば、組織内で簡単な無記名調査を実施することも検討できる。従業員はお互いに、自分たちの職務で納得がいかないことを常に話し合っているものだ。しかし、直接尋ねたとしても率直な返事を得ることはできない。時折、彼らの思いを無記名で打ち明けてみるようにうながしてみよう。しかしその際に、典型的な雇用者調査フォームには従わないほうがよい。

多くの雇用者調査は「環境」に焦点を当てている。質問の中心は、雇用者が上司から建設的なフィードバックをもらっているか、仕事を変えることを考えているか、そうだとすれば、なぜなのか、となる。これらは悪い質問ではない。しかし、あなたの会社が**従順によるサボタージュ工作員**を育て上げているかどうかを示すものではない。次のような、会社自体に対する率直な質問を投げかけてみる。

- 身近にある最も馬鹿げた規則、あるいは手続きは何でしょう?
- あなたの職務を遂行する上で、最も大きな障害を3つあげてください。
- 1つのプロセスまたは手続きを書き直すか、変更するとすれば、どういったものとなるでしょうか。また、それはなぜでしょうか?

最初の質問を取り上げてみよう。いわゆる馬鹿げた規則というものの背後にある論理は、単にそれが正しい方法で伝達されていないということかもしれない。人々がなぜその規則がそこにあるのかを理解していないだけかもしれない。もしそうであれば、説明は可能だ。その一方で、いわゆる馬鹿げた規則が、本当に馬鹿げたものであると気づくかもしれない。5年、あるいは10年前であれば、それはうなずけるものであったが、今はそうではないかもしれない。そうだとすれば、たぶんあなたの組織の中に、その規則を強化して、時間(そしてお金)を費やしている**従順によるサボタージュ工作員**が紛れ込んでいる。そして、これらの規則は実際の価値を生み出す他の仕事の効果を損なっているのである。

私たちが知るあるマネジャーは、調達予算について容赦のない態度で臨んでいた。彼が忠実に従っていた馬鹿げた規則は、部品の見積もりが単一価格で4ドル以上の場合は、その部品をめぐる企画書を自分の上司に検討してもらうことはできないというものであった。問題となるのは、単一価格見積もりが、たとえば4・05ドル、たとえ4・02ドルであったとしても、潜在的なサプライヤーを拒否してしまうことである。実は交渉次第で会社に巨額の副次的利益をもたらしてくれたとしても、である。規則に対する盲信は、このマネジャーの上司が却下されたサプライヤーと偶然出会うまで、理にかなったビジネス判断に勝っていた。

大多数の大企業、そして小さなグループや長年にわたって続けられている委員会の多くでさえ、ジェットボートのように方向転換することはない。クイーンメリー号のように方向を変えるのだ。大きさに加えて、時間とともに、船長が船の向きを変えるのはさらに難しくなっていく。操舵室と舵の連結部が硬化し、フジツボの付着が厚くなっていく。そうなれば、職員が大ハンマーを手に歩き回って、腐食した部分とフジツボを取り除かなければならない。マネジャーやグループのリーダー全員が、進んで次のように尋ねる必要がある。「決められた手順を通して仕事を行うとき、従業員と顧客の安全のために私たちがしなければならない部分はどこだろうか？　省略できる部分はどこだろうか？」　そして、次のように言う覚悟が必要だろう。「向こう3年間、小数点までの計算でマージンを確保できるという予測はすごいことだよ。でも、そんなのは気にしないんだ。それが、実際に価値を高めていることにはならない。それは、些細なことに過ぎない。中身を手続きで置き換えてしまっている。今すぐやめるべきだろう。自分の決断の背景、つまりその意味を見るべきだ。規則にそうあるからといって、その通りにしなくてはいけないというわけじゃないんだよ」。

小さなイライラ、深刻な結果

従順によるサボタージュ工作員は、活気のない古いグループや大きな組織で、官僚主義的な曲がりくねった長い根っこを持ち、気づかれないように生息しているもののように見えるだろう。しかし、小さなビジネスや、オープンフロア型のオフィスで昼寝用のブースがあるような新しいはやりの会社で働いているからといって、この種のサボタージュに免疫があると考えてはいけない。あなたのグループが成長し始めるやいなや、あるいは、最初に犯したミスを繰り返さないように2回目に取り組むやいなや、あなたのグループは感染しやすい状況になる。次のようなことを聞くのを見逃さないでほしい。「昨年、混乱して、多く買い過ぎてしまった。だから、補給係は誰か1人とする規則をつくろうじゃないか」。これが、決定的な証拠である。

従順によるサボタージュ工作員は、すべての種類、大小を問わず、グループや組織内のどこにでも存在し危険であるという事実は、最近、私たちの友人の1人が経験したことによく表れている。

彼女は、小さなコンビニエンスストアにコーヒーを買いに行って、「どのサイズでもコーヒーを購入すれば、焼き菓子が99セント」という張り紙を見た。彼女は、コーヒーを注ぎ、焼き菓子を1つ取り、レジに行った。店員はレジを打ち、彼女は支払い、釣り銭を受け取り、その場を離れようとした。

だが、釣り銭が間違っていることに気づいた。店員は、コーヒーを99セント、焼き菓子を通常の価格としていたのである。そのため、彼女はレジに戻り、「すみませんが、お釣りが間違っていると思うのですが。コーヒーが通常の価格で、焼き菓子が99セントではないでしょうか？」と尋ねた。

店員は、彼女が手にしているお釣りを見て、「いいえ、コーヒーは99セントです」と答えた。私の友人は、「いいえ、違いますよね。その張り紙をよく見て」と返答した。店員は張り紙を調べてみた。どのサイズのコーヒーでも、焼き菓子が99セントとなっているので、明らかなはずだった。彼女は、自分の後ろに人が並び始めているのに気づいた。ところが店員は、「あなたが購入したパイは、対象商品ではありません」と言ったのである。

私たちの友人は、自分が手にした焼き菓子とコーヒーは、特別価格で提供されている張り紙の表示とまったく同じものであることを指摘した。唯一の違いは、価格だけであった。

彼女の後ろに伸びているイライラした人たちの行列は長くなり、人々はそわそわしていたので、店員は明らかにいらだってきていた。店員と膠着状態になっているのに気づいたので、彼女は釣り銭を集め、礼を言ってその場を離れた。それから、何が起こったのかについて少し考えてみた。店員は、特に理屈屋であるようには見えなかった。そして、明らかに彼女からだまし取ろうとしているのではなかった。行列がなくなった後で、彼女はレジに戻った。

「1つ尋ねてもいいですか?」と話しかけた。「たとえ39セントであっても、返金することはできないのじゃない?」「できないんです」と店員は答えた。「返金するときには、マネジャーの許可をもらう必要があるんですが、外出中なんです。もし話したければ、数分したら戻ってきます。申し訳ありません。規則なもので」。

謎は解けた。一件落着である。店員は「規則」に従っていただけなのである。そして、マネジャーが戻ってくるか、彼女があきらめて立ち去るかまで、この件を引き延ばしていたというわけだ。

誰も街角にあるコンビニエンスストアに、ノードストローム（全米中にある高級デパート）レベルの顧客サービスを期待してはいない。明らかに店員は、いかに正当なものであると感じても、返金のためにレジを開けることはできないのである。しかし、このケースでは、振り子の揺れは大きく振れ過ぎた。間違いを修正するための常識を使うことを店員に許可しないことによって、それがどれほど小さなものであったとしても、マネジメントは「規則」を順守し、良心を犠牲にする**従順によるサボタージュ工作員**を生み出してしまったのである。

障害になるところまで手続きを順守したがる雇用者やグループのメンバーは、**従順によるサボタージュ工作員**だが、彼らに由来するこの問題は、単にイライラの原因であるだけに見えるかもしれない。このようなイライラの原因を無視するほうが、それに対処するよりも、あるいはそもそもそれを防ぐことよりも簡単なことだと考えるかもしれない。まったくのところ、常に「規則に従って行動する」人は、本当に組織に損害を与え得るのだろうか？　答えは「イエス」である。

従順によるサボタージュ工作員は無害ではない。決められた手順を回避できずに顧客の行列を生み出して店に負担をかけた店員のように(私の友人はしばらくの間、この店にコーヒーを買いに行かなかった)、あるいは、常連客に対して部屋のアップグレードをいつも拒否するホテルのフロントマネジャーのように、**従順によるサボタージュ工作員**は、あなたのグループの生産性を損ない、その本来の潜在力を奪ってしまうのだ。サボタージュの狡猾な行為を感知することは難しいことではあるが、その努力のしがいはあるのだ。

第二次世界大戦のモノクロ映画に出てくる検問所の衛兵を思い浮かべてほしい。衛兵は、トラック運転手に対して「証明書を見せるように」と要求する。そして、完全に無害であるとわかっている車両の綿密な調査の前に、書類と運転手の両方を注意深く確認する。検問を抜けるためのトラックの列が徐々に長くなっていくのを、1人でほくそ笑んでいるのである。この衛兵は、祖国を守る無慈悲で、注意深い政府工作員を絵に描いたようなものであり、戦争遂行努力を弱体化させるべく、自分の役割を遂行しているのだ。

1. Sabotage by Obedience
従順によるサボタージュ

同様なことがあなたの組織を侵食している可能性がある。

2.

Sabotage by Speech

演説によるサボタージュ

「演説」せよ。できるだけ頻繁に、延々と話せ。

長い逸話や個人的な経験を持ち出して、自分の「論点」を説明せよ。

Prepared under direction of
The Director of Strategic Services

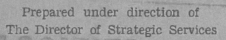

話し過ぎる人にはイライラさせられるものであるが、彼らは本当にサボタージュ工作員なのだろうか？　まったくもってその通り。ダメージを与えるには「演説」はそれほど長い必要はない。必要なだけ長ければよい。演壇から話す必要もない。

第二次大戦でOSSの指導下に動いているサボタージュ工作員を想像してほしい。彼は鉄道会社でマネジャーとして働きながら、敵陣営で隠密行動を取っている。そして軍事補給の移動と旅客サービスとを調整して、翌週のスケジュールを決定する会議に出席する。会議中、有益なアドバイスを提供し、それから「言い換えれば」と続け、同じアドバイスを異なる言葉で繰り返す。そして、民間企業の輸送機関専門家として戦前に経験した例を1つか2つ話すことによって、何度も会議を止めるのである。彼の話は興味をそそるものなので、誰も彼が「長話」しがちであると思わない。実際、人々は彼の話を歓迎している。ところが、会議のためには1時間しか割り当てていないので、終わりには依然として決定しなければならないことがいくつか残っている。リーダーは、十分に討議することなく、他の決定事項を素早く委任せざるを得ないだろう。

何も不適切に見えることはない。しかし、その週の後半には、軍事車両が補給品を積み込まなければならない駅を、客車がブロックしてしまっているのである。そして、補給品が最終目的地に届くのが連鎖反応で遅くなってしまう。誰も彼の「長話」を責めようとは思わない。批判は、会議を中途半端で終わらせ、決定事項を委任した人々に向けられるであろう。

2. Sabotage by Speech
演説によるサボタージュ

ＯＳＳスタッフが思いついた「演説せよ」の方策は、誰かが会場と演壇を予約するような類のものを意味してはいない。すべての可能な場所において、特に会議中は、長々と述べるように指示したのだ。スタッフミーティングにおいて自分の長話にひたっていることは特別悪いこととはいえない。正当に行われれば、それは、人を励まし、情報を与え、導くことができる。人々に行動を呼びかけることができる。

ところが長過ぎたり、頻繁になり過ぎる話は、次の仕事に取り組むのを少し遅らせる程度に長くなるので、議論を遅らせたり、脱線させたりすることができる。そして、ミスを誘発するに十分なほど、混乱させ、動揺させ、あるいは退屈させることになるかもしれない。これこそが、ＯＳＳが当てにしていたことなのだ。これが、グループ内で起こり得る、さまざまな**演説によるサボタージュ**を真剣に取り上げることが重要となる理由なのだ。

演説によるサボタージュに反撃するための最初のステップは、そのさまざまな形態を理解することである。この章では、たぶんあなたになじみのある、6種類の**演説によるサボタージュ**を検討する。すでに述べたように、大部分は会議の中で気づかれずに潜んでいる。ところが、通路や休憩室の中でさえ時に湧き起こるのである。そして、あなたやグループのゴールを妨げるような、有害な行動を止めるための最良策を提供しよう。

「演説によるサボタージュ」に遭遇する

明らかに私たちは皆、話す必要がある。仕事を遂行するためには、会話に貢献し、会議に参加する必要がある。そして、コミュニケーションがうまい人もいれば下手な人もいるのは明らかである。さらに、話すべき以上に話してしまったり、要点をはっきりと伝えられなかったり、説明が蛇行してしまう、あるいは主題からずれた会話をしてしまうような「調子の出ない日」も時にはあるだろう。けれども、会議や会話を脱線させ、私たちの時間を無駄にし、**演説によるサボタージュ**を繰り返すような、慢性的な違反者もいる。私たちは、個人的あるいは専門的な領域で、そしてグループの大小にかかわらず、6種類すべての**演説によるサボタージュ**に遭遇してきた。

長話をする話し手

オンライン辞書のアーバン・ディクショナリーによれば、長話をする人とは、「通常自分自身やその日のことについて、話を止めることのできない人である。典型的に、自分がいつ長話をしているか理解できていないし、その話を聞いている他の人がどれほど止めてほしいと願っているかもわかっていない[◆1]」。

彼らが話すときには必ず、電話による会議やビデオチャット、あるいは個人的に話をしているときでも、延々と長話が続く。何か尋ねられると、けっして「イエス」「ノー」で簡単に答えることはない。代わりに、「そうなの。でも、それはね、こういうことなのよ」と話し始めるか、「違うさ。どうしてだと思うかい？　これで、○○だったときのことを思い出すんだ」と話し始める。彼らは、会議の話題からいくぶん離れたところで関連性のある、過去からの逸話を持ち出すことに、常に熱心である。

この行動は、大抵の場合は貴重なものだ。たぶん、長話する人が年配で、他の人よりも経験があれば、そのようなストーリーが聞く者の問題分析能力を発展させたり、あるいは緊迫した状況でどのようにして客観的でいられるかを学ぶ助けとなる。

それでは、いつそれがサボタージュとなるのだろうか？　それは、会議に参加している人々がすでにこの長話の要点を理解していて、長々しい話は必要ないとき。人々が長話をする人にすでに同意しているとき。時間が限られている中で、他の議題も討議する必要があるとき。会議が終わり、参加者はその場を離れて仕事に戻らなければならないとき。つまりそれは、長話からの利益よりも、聞くことに費やされる時間から生じるマイナスの影響が上回っているときである。長話は私たちの時間を奪うのだ。

論点がずれた話し手

論点がずれた話は、関連性があるにしても、会議の主旨にかろうじて関連しているだけの方向にすっ飛んでしまう。時にこのようなことになるのは、白昼夢を見ていたり、爪をいじったりしていて人の話を聞いていなかったか、あるいは会話を理解していなかったからなのかもしれない。たとえば、グループが新しいソフトウェアを購入することを検討していたとしよう。論点がずれた話をする人は、新しいハードウェアを購入する話を声高に述べたり質問したりする。

このような振る舞いに忍耐強くあるべき時はいつなのか？　それは、その人物が新しい話題を持ち出す理由を説明し、今後の動きに寄せる期待が適切と思われるとき、つまり主要な意思決定が事前の準備なしに行われることはないというときである。たとえば、経理部の余剰人員を削減するために新しいソフトウェアをインストールするかどうかについての話し合いで、論点がずれた人が、ソフトウェアをインストールするハードウェアがもはや旧式のものとなっていると指摘したとすれば、それは正当な脱線だというものだ。

グループに対する直接的な貢献以外の理由で、論点がずれた人がグループに重要である場合も、この振る舞いは寛容に扱われるべきだろう。例をあげれば、論点がずれた人によ る支援が、組織上、あるいは政治的な理由によって重要であり、この人物の影響力が大きければ、あなたがその人の話を聞かなければならない理由は大いにある。

さらに、グループに特定の人を集めるために多くの努力が払われるような状況においては、この振る舞いにはそれほど気を揉むことなく我慢することができる。たとえば、１人は香港を拠点にしており、２人はロンドン、１人はボストンという場合である。彼らのスケジュールや時差のため、直接会う会議が開催できる可能性は少ない。ビデオ会議や通話ではなく、皆が一堂に会するときの価値は、1つ、2つの論点がずれた話にかかるコストを上回っていることがあるものだ。

しかしこのような例外は別として、この振る舞いはサボタージュである。

米国の最も大きな医療センターの1つで勤務する（患者総合案内の）トリアージ担当者が語ってくれた例を紹介しよう。彼とその同僚は、医療現場の前線にいる被雇用者である。なぜなら、治療のためセンターに紹介されてきた患者や保護者に最初に対面する役割を担うからだ。

彼の上司が、ある主要な総合病院で、さまざまながんケア病棟のマネジャーと一緒に、この前線で働く人々とのミーティングを計画した。目的は何だったのだろうか？　途切れることなく一体となって働くことができるように、お互いの役割を理解することだった。

45分の間、対話は目的から外れることなく進んだ。各自が自己紹介をした後、演習を行い、さまざまの部門間の連携を改善するためにお互いに何ができるかについての、意義深いディスカッションにつながった。これで目的は達せられた。そのはずだったが、そうはいかなかった。

ミーティングの終わりに、司会者が「もう少し時間があるようですので、何か言いたいことがある人はいるでしょうか？」と尋ね、さらなるディスカッションをフロアに呼びかけた。このとき、調子に乗った部門マネジャーは、実際15分ほどの時間があったので、ミーティングの話題とは直接に関係のない、彼の部署の役割と自分のマネジメント・テクニックについて話し始めた。当然のことながら、これは他のマネジャーを刺激した。負けじとばかりに、自分たちの役割と管理テクニックについて口を挟んできた。

しばらくの間、マネジャー同士で会話に花が咲き、前線の従業員は黙ってしまった。1人の担当者が話してくれたことによると、「僕たちは、3つの疾患センターの電話対応とインテークを、留守番が1人でしていたということしか考えられなかった。彼は、ものすごく忙しかったはずなんだ。それなのにミーティングはその後30分も続いたんだ。だから、ミーティングで合意されたものは白紙に戻ったんだよ。最後には、マネジャーたちは、僕らのことを不機嫌な奴らめと思ったに違いないね。マネジャーたちの話から、彼らはまったく僕らの仕事をわかっちゃいないと確信したね」。

この後、第4章においては、論点がずれた人の得意芸である、無関係な問題を持ち出すという、別のサボタージュ行為にさらに焦点を当て、論点がずれた人の罪とそれをどのように防ぐかについて、具体的に検討していく。

論点を見失った話し手

エレン・デジェネレスは、1995年に『私の論点……、1つぐらいはあるんだ』という回顧録を出版した。エレンが論点を見失った話し手であるとは思わないが、彼女の本

2 Sabotage by Speech 演説によるサボタージュ

のタイトルはその定義を見事に表している。

論点を見失った話し手は、実に素晴らしい意図をもって話し始める。会話に貢献できる何か有意義なことがあると本当に思っているのだ。しかし、それほど時間が経たないうちに(実際、30秒ほどのものだろう)、何が「有意義なこと」なのかを解明するのにしばらくかかるということがわかってくる。雪だるまがコントロールを失い、山の斜面を突進し、進むにつれて大きくなるのを想像してほしい。その雪だるまのどこかにダイヤモンドがある。しかし、それを取り出すためには、最初にその雪だるまを止めなければならない。そして、掘らなければならない。掘り続けるのだ。

論点を見失った話し手は、洞察に満ちていることを認められた人物で、全体像をより明確に把握しており、その理解において「誰よりも先んじて」いるがゆえに「見失った」とされる場合には、**演説によるサボタージュ工作員**とはならない(そのため、他の者には理解が難しいのである)。このような場合には、彼らにつきあってその思考の脈絡を明らかにすることによって、ミーティングの他の参加者がさもなければ得ることができないような深さや気づきをもたらしてくれるのだ。

たとえば、組織の中に新しい技術を導入するかどうかを決めるために、他の4名のマネジャーとミーティングを行う重役のパムを考えてみてほしい。パムは以前に経験があり、その技術の専門的知識を有していた。そのため、それがどのように展開するかを尋ねられたとき、彼女は、話し合うべき決定事項のずっと先を行ってしまい、2年ほど先の「次世代の技術」の可能性について話し始めた。パムは5分ほど話して、少し笑いながら「簡単なことを言うのに、遠回りをしてしまったみたい」と締めくくった。ミーティングに参加している重役の1人が身を乗り出し、手を挙げた。「パム、すみませんが」と、彼は話した。「たぶん私が少し鈍いのでしょうが、その簡単なことというのは何のことですか?」皆が笑った。そしてパムは「私たちにとってよい選択であるということですよ。将来のためにもうまく考えられているわ」とまとめた。皆がそれまでよりも、もう少し全体像に考えをめぐらせながら、またそのことについてより深く検討することを求められながら、会議が進んだのである。

また、「見失った」ということが「経験不足」という意味で、その人とグループの両方の学習カーブを上昇させるために数分費やすことに皆が同意するのであれば、論点を見失った話し手はサボタージュ工作員ではない。たとえば、購入する必要のある機器の詳細な技術情報を徹底的に調べることに膨大な時間を費やしている、経験の浅いサプライチェーンのマネジャーを取り上げてみよう。彼女は、上司が購入を許可するために知りたいことは、サプライヤーが会社の技術的ニーズに適合しているかどうかだけだとは気づいていない。

論点を見失った話し手は、慢性的に繰り返すときにサボタージュ工作員となる。あるいは、思考の脈絡を失い、話し続けながらそれを見つけようとするのが次第に明らかになるとき。あるいは、聞き手が論点を見失った話し手と同じように見失うとき。あるいは、聞き手が居眠りしだしたり、コソコソと（または時にあからさまに）メールをチェックしたり、他の人にメールしたりするとき（会議中にもかかわらず！）である。

相手に合わせ過ぎる話し手

相手に合わせ過ぎる話し手は、人々が異なる方法で学習することを理解している。何かを十分に説明したからといって、人々が理解するとは限らないので、すべての人が「よくわかる」まで、異なる方法で、メッセージを繰り返したり、同じことを言うのだ。まったくもって素晴らしい資質である。科学者が脳を研究すればするほど、私たちの学習方法のユニークさが判明してくる。多くの場合、それぞれが異なって学習するのを感知し、それゆえに、すべての聞き手に届くのに必要とされるスタイルを応用し、相手に合わせる話し手は、グループにとっての真の財産となる。それにベストを尽くす人々は、聞き手に多角的なアプローチを提供するだろう。そして彼らのスピーチは、多面的で実に素晴らしい。

しかし、この振る舞いが、いつ**演説によるサボタージュ**の一線を越えるのだろうか？相手に合わせる話し手が、一度言えば十分な考えを、三度言わなければ十分ではないと思い込んでしまうとき。恩着せがましいと感じさせる一線をうっかりと越えてしまい、相手が不快に感じて、話に耳を貸さなくなるとき。すべての人に合わせようとするので、貴重なグループの時間を無駄にしてしまうとき、である。

ハーバード・ビジネススクールのフランク・セスペデス教授は、「常に二度売り込む必要はない」と述べている。

組織内に増えているボランティアの数を、どう管理するのが最もよいかについて討議している会議で起こったことを考えてみよう。1人が、ボランティアの興味、スキル、年齢などに応じて、どのようにボランティアをグループ化し、仕事を割り当てていくかについて、自分の考えを詳細に話した。次に彼女は、同じ話を繰り返した。今度は話に加えて、ホワイトボードに図を書いたのである。この説明を仕上げるにあたって、彼女は机の下からレゴブロックの袋を取り出し、異なるサイズや色のブロックを組み合わせることによって、異なるグループを表現した。

ミーティングに参加した1人が、「私は視覚的に学習するんだがね」と語った。「だから、あるレベルで、彼女は本当に私の助けになったんだ。でもね、『理解できなかったら自分で何とかするのだから、信用してもらいたいもんだね』と言いたくなったんだ。あれはちょっとやり過ぎだったたね。いや、意図はよかったんだよ。ただ、みんなの時間を無駄にしたね」。

「はい！　はい！」と割り込む話し手

あなたが4年生のとき、いつも手を挙げていた子どもを覚えているだろうか？　先生が

2. Sabotage by Speech
演説によるサボタージュ

質問したときにはいつでも、机から身を乗り出すようにして、ぶっきらぼうにしかめ面をしながら「はい！　はい！」と訴えるのである。そして、（a）当てられれば、意気込んで答えを披露するし、（b）当てられなければ、椅子に沈み込んでため息をつき、ブツブツひとりごとを言いながら当てられた子が答えるのを横目でジロリと見つめるのだ。

あなたが参加するミーティングにこのような人がいたとしたら、たぶんあなたはラッキーなのだろう。本調子になると、「はい！　はい！」と割り込む話し手は、ハリー・ポッターの本や映画のハーマイオニー・グレンジャーのようなものである。彼らは、その話題をすべて知っているので、遠回しな言い方をせずに、何が最も重要な点であるかを素早く皆に伝えることによって、グループの多くの時間を節約してくれる。「はい！　はい！」と割り込む話し手の話は、その後に人がうまく利用できるような洞察を提供することが多い。

ところが、「はい！　はい！」と割り込む話し手は、**演説によるサボタージュ工作員**にもなり得る。彼らはよく、議論が自分の専門や知識ではないときにでも、すべての会話に貢献したくなるからだ。彼らは、話すことがないと他の人に思われないように話し続ける。そうすることによって無知をさらけ出す一線を越えてしまうことを理解していない。たとえば、「はい！　はい！」と割り込む話し手が広告の分野で働いているとしよう。たぶん彼らは、他のプロジェクトの創造的な方向性をめぐって、フィードバックすることによって口を挟んでいくだろう。たとえそのプロジェクトの詳細や目標をよく知らないときでさえ、である。

そして場合によっては、「はい！はい！」と割り込む話し手は、会議で最も重要な参加者と思われる人のコメントをただ繰り返したりするのである。自分がその内容を把握していると見せたいのだが、そうではないので、ただ反復することによって安全を感じたいのだ。残念なことに、この裏づけのない話は、ミーティングで本来聞かれるべき声を奪ってしまうことになる。

ジャーゴンを多用する話し手

ジャーゴンを多用する話し手は、OSS戦術に書かれたときには、典型的とは言えなかったかもしれない。それにもかかわらず、特に今日では、**演説によるサボタージュ**の重要な補助的形態である。

その理由は次の通りである。ジャーゴンを多用する話し手は、どのようなグループであろうとも、しばしばグループの成功にはまったくもって不可欠な存在となる。彼らの年齢や経験、その若さや機転のおかげで、ユニークで価値のある何かを会議に提供できるからである。仕事の手続きに不可欠な情報を提供する、技術的な専門家であるかもしれないし、予算や資源を管理する新しい手法について重要なメッセージを提供してくれる、財政の専門家であるかもしれない。ジャーゴンを多用する話し手の言うことには、耳を傾ける価値がある。それらは、あなたの視野を広めてくれるであろう。ところがそれは、あなたが理

2 Sabotage by Speech 演説によるサボタージュ

解できたときに限るのだ。

ジャーゴンを多用する話し手の問題は、本質的に**演説によるサボタージュ**をしていることではない。簡潔に話しても、自分が提供していると信じる情報を相手に伝えることに、しばしば失敗していることである。彼らは重要なことを伝えたと思ってミーティングをあとにするのだが、一方あなたは、いったい何のことだったのだろうと思いながら、あるいはもっとひどい場合には、理解できなかったので、要旨はわかったものの重要な細部は把握できなかったと思いながらミーティングをあとにする。その影響はしばらく後に現れる。それは、ジャーゴンを多用する話し手の技術的な話を受ける側にいたあなたや他の人物が、その誤解の結果としてミスを犯すときである。

このサボタージュが発生する理由は、根本的には、ジャーゴンを多用する話し手が、話の聞き手のニーズを認識できないことにある。彼らの話は冒頭から的を外れており、そのため、(技術的な詳細などについて)さらに話せば話すほど混乱の種をまいてしまうのだ。たとえば、ベテランのCOO(最高執行責任者)が、「この製品で成功するためには、『スープからナッツまで』のアプローチが要求されるのだ」と20代のマーケティングスタッフに語っても、このたいへん聡明な若い人たちは、自分の上司の上司、そしてまたその上司が語ることが何のことか、まったく見当がつかないかもしれないのだ(同じ境遇にいる読者のために解説すると、「スープからナッツまで」とは、多くのコースからなる食事のことを意味する。つまりスープから始まり、しばらく時間が経ってナッツ(スナック)で終わるような食事である。よって、「スープからナッツまで」とは、「総合的な」「包括的な」あるいは「360度の」を意味する言い回しである）。

その正反対の位置にあるのは、現代テクノロジーに精通した20代のマネジャーが、メールに自分で返信できないような人たちに向かって、「SMACを最大限に活用できるようになり、本市場に入っていけるようになったのです」と語ることである。運よく誰かが丁寧に「SMACって何のことですか？」と尋ねれば、その若いマネジャーは、「ソーシャル・モバイル・アナリティックス・クラウド」（技術用語）の略だと教えてくれるだろう。

グループレベルにおける「演説によるサボタージュ」

いかなるグループにおいても、これまで述べた6種類の**演説によるサボタージュ工作員**に遭遇する可能性は高い。ところが時々、**演説によるサボタージュ**はグループレベルで起こる。どうしてそうなるのだろうか？

ミーティングで、上司が評判のよくない決定を発表したり、誰かが物議をかもすような計画を提案したり、面倒になりそうな手続きを導入しようとすれば、決定事項、提案または手続きなどのメリットについて議論するために、オフィスやコーヒーの自動販売機の近くでひそひそ話が始まり、メールが飛び交うであろう。そして、グループレベルの**演説によるサボタージュ**を経験するのである。

2 Sabotage by Speech
演説によるサボタージュ

私たちはゴシップについて述べているのではない。ゴシップは些細で、個人的なことである。私たちが述べている「フォローアップ会話」は、自分たちの部門やグループで起こっていることについて力を注ぐ熱心な従業員やグループ間の風通しをよくする対話となり得るものだ。それは健全なことである。あなたとしては、熱心な従業員を望むだろう。

しかし、「延々と続く会話」は、完全に**演説によるサボタージュ**へと変わる。人は最初に討議中だった問題や、仕事で何がなされるべきかということから素早く離れてしまい、大事な議論やミーティングの後で、小さなグループでの副次的な会話や議論に忙殺されてしまう。会話の論点がずれ、それを人々が追う。誰かが正しく解釈してもらえず、誤解され、人々の気持ちが傷つく。

グループレベルでの**演説によるサボタージュ**は、解決すべき問題があるときに生じやすくなる。全員が自分の理論をもっている。全員が専門家となる。上司の決定への代案、より力強い提案や改善された手続きのような、さらに優れた解決方法を全員がもち合わせているのだ。副次的な会話は収拾がつかない状態になり、自分たちの関心や意見を表明する適切な場所やガイドラインが提供されない。そして、全体の生産性を打ち砕き、決定事項を弱体化し、敵対する派閥をつくり出す。

たとえば、ある数百万ドル規模の慈善組織で、厳しい予算削減に直面して首脳部をどのようにリストラするかを議論する必要があった。しかし、長時間に及ぶ一連の会議が、何も決議されることなく終わってしまったのである。これは、パーソナリティ、マネジメントスタイル、好み、組織のミッション、成長すべきであるとすればどのように成長すべきか、後継者育成計画などをめぐる、インフォーマルな（時にコソコソした）会話が立て続けに起きて、不安の渦を巻き起こしたからだ。自分に直接関連することについては、首脳陣のメンバーが、毎日この渦に巻き込まれていった。あれやこれやという解釈が多くなるに従って、首脳陣は予算に合わせて体制を立て直すための会議に、だんだん集中できなくなっていった。最後には、決議に達する前に、経験豊富な首脳陣のうち2人の貴重なメンバーが完全に士気阻喪して辞任してしまった。

「延々と続く会話」はまた、フォーマルな組織の範囲内にとどまることはないのである。あなたがボランティアのグループに所属しているとすれば、議論の後の議論がたいへん多いことに気づくのではなかろうか？　フォーマルな会議の後、小さなキッチンで、またはメールで、誰かの鼻が折れてしまったことはないだろうか？　皆がまた一緒にやっていくための方策を考えるべく、引き続いて別のプライベートなミーティングをしなければならなかったことはないだろうか？　これが、グループレベルで起こる**演説によるサボタージュ**である。何か意義のある決議や行動を鈍化させながら、このような会話は舞台裏で延々と続くのである。

「演説によるサボタージュ」を解決し、防ぐ

演説によるサボタージュにその場で対応し解決するテクニックと、それを予防するテクニックはほとんど同じである。そのうちのいくつかは、特定の種類のサボタージュに適している。そのことについても述べていこう。

タイムキーパーを任命する

グループ討議の初めに、ミーティングの時間がどのぐらいあるかを皆に伝え、常に時間の経過を追う係を公式に任命し、必要であれば話を中断する。「それはすごいね、メアリー。でも次の議題にいかなければならないんだ。あと20分しか残っていない」。誰かが即席で述べるときには、人を傷つけるようなものとなってしまうことがある。しかし、公式のタイムキーパーがそう言う場合は、皆、その人は自分の役割を果たしているだけだと知っている。

「ショットクロック」も検討していいだろう（訳注：バスケットボールで、ボールを持っているチームは45秒以内にシュートしなければならないというルール）。私たちはミーティングのために、しばしば古い暗室時計を使用する。それは大きく、不快な音を立てるので「あなたの時間は終わりである」というメッセージが伝わらないことはまずない。

ショットクロックは手厳しいものであるが、論点を見失った話し手を止めるには特に有効である。このテクニックは、彼らを抑制するだけでなく、彼らが話の要点（それが1つでもあったとすれば、であるが）を伝えるのにどのぐらいの時間をかけているかを（初めて）気づかせるかもしれないのである。

北極星を示す

自分たちが脱線しないようにするために、議題や明確な目標など、何か具体的に使えるものを参加者に提示する。可能であればミーティングの2日前に、議論の目的と何を解決したいかを参加者に伝えるとよい。そして、ミーティングの初めに、次のように述べることによって目標を再確認する。「このミーティングの終わりに、絶対に決定、決心、発見、あるいは宣言しておきたいものは何でしょうか？」

こうすることで、人々が脱線したときには、もともとの目的に沿った議論に戻る助けとなる、ミーティングの目標を思い出させることができる。この方法が、論点がずれた話を抑制するには特に有効であることがわかるだろう。

適切な参加者を決める

ミーティングや議論に招く人のリストを書き出し、あなたがバーベキュー、またはスカイダイビングの冒険に招く人員を決めるかのように、そのリストを調整する。誰が本当に参加する必要があるのか、なぜ彼らなのか、そして彼らがどのように貢献できるかを検討する。ミーティングは予定に組まれているので、多くの場合いつものように、同じ人々を繰り返し招いている。時には包括的にするために、必要あるいは実益を超えて、より多くの声を机上に載せようとする。参加者のリストを作成することは、よい訓練になる。部屋にいる人々が明確な理由をもっており、またそれをよくわかっているときには、論点を見失った話し手になったり、論点がずれた話をとりとめもなく話す機会は少なくなる。適切な理由と適切な情報をもって、「はい！はい！」と割り込む話し手が出てくる機会も増えるのである。さらに、ミーティング後に不安を抱く機会も少なくなるだろう。

コメントを求めるか、また、なぜそうするかを前もって決める

ミーティングの唯一の目的が、グループ討議またはブレインストーミングをもつことにある場合もある。それはそれでいい。しかし多くの場合、ミーティングのファシリテーターは、何のミーティングであれ、その形式がどのようなものであれ、あるいは目的にかなっ

ているか否かにかかわらず、参加者がコメントするための門戸を常に開いておくべきであるかのように感じる。あらゆることを満遍なく考慮すべきであるという「ポリティカル・コレクトネス」は、単にそうしておけば気がすむという性質のものではない。雇用者を含めることが不可欠である、とマネジャーたち、特に人事専門家は叩き込まれている。しかしそれが、有益であるとは限らない。

たとえば、業務割り当てが唯一の目的であるミーティングに参加していたり、参加者が後に質問を提出するように要請される大規模な会議に参加しているときには、コメントは歓迎されない。コメントには実際上の目的はない。実は、理由もないのに参加者に発言の機会を与えることは、長話、論点がずれた話、論点を見失った話をする人たちが、**演説によるサボタージュ**を実施する能力を発揮して盛り上がることを招き入れることになるのだ。包括的であれというプレッシャーに打ち勝つことは重要だ。たとえ広くコメントを求める時間を取らずにミーティングを終わらせることは無礼だと感じるときでさえ、である。

ミーティングの最後にコメントを求める時間が必要だと信じるのであれば、「2タッチ・ルール」を採用するように勧めたい。この方法は、私たちがバレーボールから応用したものだ。次の話題に進む前に、それぞれの話題に対してコメント（タッチ）できるのは2人だけであると明言するのである。

最後に、予定より早く進行しているとき、時間がまだあるという理由だけで、コメントを求める必要があると感じてはいけない。たとえ、ミーティングに1時間を取っていて、

20分しか使わなかった場合にも、そこで止める。人々は時間が浮いたことを喜ぶだろうし、新しい話題を持ち込んで素早い決断を下してしまうリスクを犯すこともなくなるのだ。論点がずれた話し手が、「これを何とかやってしまえますよ。4分もあるのだから」と言うのがあなたには聞こえるだろうか？ 議論が終わりを迎えたら、終了させることが大切だ。「何か他のコメントはありますか？」などといった、自由な回答を求める質問を一般的に避けることも推奨する。ほとんどの場合、これが**演説によるサボタージュ**、特に論点がずれた話を直接招き入れてしまう。意図するミーティングの議題からずれた議論を防ぐために、すでに終わっているミーティングが続いてしまうのを防ぐために、あるいは手元の議題に集中するために、次のように質問を言い換えることができる。「Xについて他にコメントがあるのであれば、ミーティングの後で私に教えてください」。

ゴールとさらなる広がり

今日、あらゆる話題に関連して豊富なデータが利用可能であり、このことは、さまざまなタイプの**演説によるサボタージュ**を助長してしまう。ミーティングで効果的な貢献者となるためには、これらのデータを洞察に変えることが期待されており、このためには真の技術が必要となる。その技術は、ほとんどの人が自然に会得できるようなものではない。ミーティングの前には、自分が提示しようとする状況について（ミーティングのファシリテーターとして、あるいは参加者として）考察することが役に立つ。あなたは、他の人々に対して、どの程度事前の情報を期待しているのだろうか？　ミーティングのゴールに到達するために、参加者は自分の前に提示されたものをどの程度利用することができるだろうか？

資料を配布したりプレゼンしたりする前に、これらの質問に自問自答することによって、あなたは自分を他の参加者の立場に置くことができる。自分は同僚に多くを期待し過ぎているのではないか、そして、自分が貢献したいと考えることは有効なのか（そして、それはなぜなのか、なぜそうでないのか）を判断することができるだろう。**演説によるサボタージュ**をあなた自身から、そして他の人々から遠ざけておくこともできるかもしれない。（特に、「はい！はい！」と割り込む話し手は、共有すべき情報を明らかに自分がもっているとみているのである。彼らの存在がミーティングに重要であることがわかれば、黙っていてくれることだろう）。

これらの質問は、小さなインフォーマルのグループでは、やり過ぎに見えるかもしれない。しかし、フォーマルに問いかける必要はないし、テンプレートに書き入れる必要もない。ミーティングの目的に沿って、あなたがそれを考えるだけで十分なのだ。あらゆるミーティングのゴールは、利用可能な洞察を発展させ、それを実際に建設的な成果をもたらすために利用することである。それを実際にできるミーティングこそが、よいミーティングといえるのだ。

2 Sabotage by Speech
演説によるサボタージュ

しかし、あなたはそこにとどまっていてはいけない。利用可能な洞察を生成し、ポジティヴな結果を引き出し、その成果が繰り返されるように、それらの洞察を組織に根付かせることを目指すべきだと考える。これが、ゴールの拡大解釈であることは間違いない。それができれば、あなたに脱帽する。あなたは**演説によるサボタージュ**を克服したのだ。そこはサボタージュ工作員が踏み込むことのできない、希少な大地なのだ。

3.

Sabotage by Committee

委員会によるサボタージュ

可能なところでは、
「さらなる調査と検討」のために
すべての事柄を委員会に委ねろ。

委員会はできるだけ大人数と
せよ（けっして５人以下に
してはならない）。

Prepared under direction of
The Director of Strategic Services

1944年にこの戦術が作成されたとき、作業部会を言い表わす言葉は「委員会」のみだった。今日では「作業チーム」あり、「先導部会」あり、「特別委員会」あり、プロジェクトに関わって働く人々を指す名前は数多くある。このようなグループは名称が何であれ重要であり、それなしに必須の仕事は達成できない、と言っておけば間違いないだろう。

ある仕事をするとき、1人の担当者の尽力では足りないが、恒久的な組織化は道理にかなっていない場合がある。それで、作業のために臨時のワーキンググループが結成される。つまりなんらかの委員会である。あるいは大きな団体が、その作業には全員の尽力は必要ないと考えたとする。もっと小さな集団で実施できるということだ。ここでまた、委員会ということになる。

ハイスクールのダンスパーティを例にあげよう。子どもたちをまとめるのにＰＴＡ全体が支援する必要はないだろう。会場を探し、予約し（あるいは体育館を確保して管理人に注意をうながし）、飾りつけをして食べ物を用意し、お目付役を手配して安全に気を配り、その他に事前、当日、そして事後に気をつけるべきいくつかのことをするのに、ＰＴＡの全員が必要はない。しかしこれらのことは皆、実施されなければならない。そこで委員会へのボランティアを募ることになる。食べ物委員会、飾りつけ委員会、清掃委員会、などだ。こうして仕事は扱いやすいサイズになる。

委員会というのは大抵はよいものだ。本書でも、委員会の設置を推薦している箇所もある。しかし委員会というのは**委員会によるサボタージュ**の肥沃な土壌ともなるのである。

3. Sabotage by Committee
委員会によるサボタージュ

第1に、委員会とは説明責任が消滅する可能性を示唆する。大きな団体が委員会に何かを委託するときには、その作業や活動の管理は団体リーダーが追うことができるレーダーの圏外に出てしまう（ハイスクールのダンスパーティの例において、このリーダーとはPTA会長だろう）。多くの場合、委員会は自分たちに基本原則の決定を委ねられているので、大抵は何のルールも決めないことが多い。

往々にして、誰も明確に委員長の地位には就かず、委員会が実施すべき作業について誰も責任を取らない。そのような場合には、ミーティングでは議論ばかりが繰り返される。感情が傷つき、誤解が生まれ、作業は思うように運ばない。最悪の場合、全員がミーティングを呼びかける気力さえも失い、委員会の活動が止まってしまう。

一個人に仕事が委託された場合には、その人物が明らかに責任を負うことになる。しかし仕事が個人で達成するには大き過ぎ、臨時委員会が結成された場合には、その説明責任は薄められるか、完全に消滅することになる。個人の仕事は委員会の仕事となり、つまりそれは誰の仕事でもなくなる。よって、同様の負の連鎖が生じる。

これは明らかにサボタージュである。しかし、それだけではない。OSSの仲間には十分にわかっていたことではあるが、生来、委員会というのは視野の狭いものである。一度ある任務を委託されると、たとえ変更が容認されている場合でも、途中で方針を変えることは難しくなる。

たとえば、町の廃れた地域に子どもの遊び場をつくるための町内委員会が設置されたとしよう。メンバーは上手に組織化され、リーダーを選出し、運動場のさまざまな遊具について調べたり、価格を検討し始める。ところがある日、市当局がこの空き地に隣接した土地に高齢者用の大きな団地を建設予定中であることが判明する。この団地によって、この遊び場が周辺地区から分け隔てられてしまうことが明確になる。

それでも、町内委員会は十中八九、運動場のデザインの仕事をし続けるだろう。いったいなぜだろうか？　それは、この委員会が「遊び場のデザイン」のためのもので、「空き地をどう活用するか」のためのものではないからだ。メンバーの中には遊び場のデザインについていくばくかの専門知識があるかもしれない。しかしこの場合、空き地を利用するよりよい案かもしれない、たとえば地域における庭園や、鳥や蝶を引きつけ、障害者にも利用可能な場所についての専門知識はないだろう。委員会は執拗に運動場のデザインを検討し続けるだろう。なぜなら、委員会が設置された理由はそれだからである。

最後に、委員会というのは――やたらと――ノロノロと進展する（この3つめの性質がOSSを最も魅了したものであろう）。大多数の委員会は明確な期日が決められることなく設置される。その役割は何かを調査するとか、なんらかの提言を考え出すというものだ。スタート時点においては、この任務を果たすために何が必要かを知っている者はいない。それゆえに期日は存在しない。望ましいとされる期限があるかもしれないが、それすらない委員会もある。

その上さらに、委員会というのはメンバーの主要な、あるいは中心的な仕事ではない。

3. Sabotage by Committee
委員会によるサボタージュ

ハイスクールのダンスパーティを考えてみよう。メンバーの中には教員もいる。彼らにとって委員会の仕事は、教えること、放課後の活動、自分たちの家族やその他の責務の後にくるものだ。親たちも同様である。日中の仕事がある。子どもの世話もある（もちろんそれがPTAにいる理由なのだから）。高齢の両親もいるときだってある。委員会の仕事は差し迫ったものではない。そのため後回しにされることになる。

所属するシナゴーグで催し物の際に、バーテンダーとしてボランティアをするベンは、このことを実によく承知している。実際彼は一度、意図的（かつ成功裡）に**委員会によるサボタージュ**を自分のために利用した。

2000年代の初頭、ユダヤ人社会におけるアルコール飲料の使用問題について、ある全国的な組織が取り組もうとした。シナゴーグに向けて、建物内での社交的な催しの場でアルコール飲料を提供しないことを要請する文書が配送された。

ベンのラビはオフィスにベンを呼んで手紙を見せた。「ベン、これに対応しないといけないな」とラビは言った。

信徒たちがこの要請に対応しなければならないことは、ベンは理解していた。しかし、彼や他のボランティアのバーテンダーたちは、自分たちの小さなコミュニティにおけるアルコール乱用の可能性に対してすでに適切な処置を取っており、全国組織からの唱導にこれ以上の時間とエネルギーを費やすのは避けたかった。そこで彼は言った。「ラビ様、委員会を設置すべきです。ただ私たちだけではなくて、もっと広範な代表者、つまり若者の指導者、男性や女性のグループ、理事会のメンバー、地域の仕出し屋も含めましょう。ご自身も参加なさるべきです。私は、他のバーテンダーや、科学的な観点を提供できる地域の医師や心理学者にも数人尋ねてみましょう。この際ですから、シナゴーグや私たちのコミュニティ全般におけるアルコール飲料の使用について全面的に見直し、すべての催し物や状況を包括できるような政策を考え出すべきです」。

「それはよい考えだ」とラビは答えた。「委員会を設置することにしよう」。

もう、この話のオチは推測できるだろう。委員会は一度も会合をもつことはなかった。ベンのシナゴーグでの状況は、文書が届く前とまったく変わっていない。ユダヤ人社会におけるアルコール飲料の使用は、もはや全国組織の注目するところではない。何も起こらず、何の手立ても必要ではなかったのだ。

実際に何の反対意見も述べることなしに、ある案件を中途で効力のないものとする最善の方法は、それを委員会にかけることである。できるものならば、ベンが提案したように、広範なメンバーから成り、明確な目標も期日もないものがよい。

ベンは正に有能なサボタージュ工作員だった。彼は**委員会によるサボタージュ**の実行方法を知っており、意図的にそうしたのだ。ベンは委員会が組織内におけるブラックホール、つまり課題が落ち込み、けっして浮かび上がってこない場所となり得ることを知っていた。ベンは、自分が取るに足りない問題と考えることに、信徒たちが時を費やす必要はないと思った。彼と他のバーテンダーたちは、シナゴーグにおける催し物でのアルコール飲料の保管やサービスについての責任を、すでに引き受けていたからだ。

誰もけっしてこのサボタージュを見抜くことはないだろう。なぜなら、誰かがラビに信徒たちはどう対応しているかと尋ねたならば、ラビは正直に検討のための委員会を設置した、と答えるだろうから。

害がなかったので、反則とみなさない、ということだろうか？　たぶん、この場合にはそうだろう。少なくともベンから見ればそうである。だが、すべての委員会が、案件を意図的に潰す目的で結成されるのではないことは、請け合ってもよい。多くの場合、委員会はある件を慎重に検討するという、前向きな意図をもって設置されるからだ。最終的に正しい決定を下すべく、その課題を詳細に分析するよう、グループに依頼する。

しかし場合によっては、委員会は事が運ぶのを阻み、非常に破壊的になることもある。

「委員会によるサボタージュ」を見抜く

普通は、機能していない委員会はすぐにかぎつけることができる。幸いなことに、それはあなたにもできる。委員会がサボタージュの原因であるかどうかは、実際のところ、案外簡単にわかるものだ。次のようなものが、その兆候である。

委員会メンバーの同意が難しい

委員会のメンバーはあれこれ話し議論するが、何一つ解決せず、誰も采配をふるわない。組織とは複雑なものであり、多くの場合はグループが協同して問題解決にあたる。しかし、誰の問題なのだろうか？　とどのつまりは、誰がその問題解決に責任を負うのか？委員会が設置された場合、それはその仕事を委託した人物、つまり「ＰＴＡ会長」や「上司」ではない。それではあまりに広範囲になり過ぎる。それは、たとえ異なる部署や分野から同レベルの職員によって結成されたものであるにせよ、委員会内の誰かであるべきだろう。

誰か1人が最終的にその課題の解決、あるいは終結に責任を負っていない場合には、そのグループは、不慮の**委員会によるサボタージュ**がもたらす無防備な犠牲者となることが多い。

明確なプランやゴールがない

もし誰一人として委員会の仕事の成果、たとえば報告書や提言、処置などを明言していない場合、委員会は厄介な状況にある。

それはたとえば、高校生に自主研究として「20世紀におけるコメディ」のような大まかな表題を与え、どのような要素を組み込むべきか、どのような形で提出するか、また評価はどのような基準なのか、ガイドラインをいっさい出さずに書かせるようなものだ。最終的な提出物が、出来のよいものであるはずがない。

私たちが知るある会社では、経営幹部は委員会形式の仕事を好むようだ。彼らは皆、毎日、ある作業部会から次の委員会へと走り回っている。「忙しい」ということは「評価されている」ことを意味する。この先何週間もスケジュール表に空きのない人は、重要な人物であるに違いない。しかし、この人々は、どの委員会でも大した仕事を成し遂げているようには見えないのだ。

ある会社のリーダーが言った。「ここでは、ですね。よい会合というのはその終わりに、皆がお互いをそれまでよりほんの少し好ましく思えるようになることなんですよ。何も達成されないかもしれないけれど、率直な会話を交わし、ともに働き、ともに過ごした時間の末によく知り合えた、と感じられるんです。そう、ドーナツが出る会合がいいですね！」それは、まことに結構なことである。しかし、成果はあるのか？　いや、ないかもしれない。時間の無駄？　たぶんそうだろう。

期日がない

仕事によっては、たとえば新製品の発売などには厳密な締め切り日があるが、現代組織の活動の大部分は、独自のペースで進行するようである。誰もが承知している明確な当面の期日、つまり「投資委員会へのビジネスプランの提出は次の火曜日まで」があるか、または「次の四半期の末に向けて何かを準備する」というように曖昧な期日があるか、である。

仕事によっては、いつ完成するか前もってわからない複雑なものもある。このような場合には、代わりとして暫定的な道標が設定される。たとえば「90日間で作業計画を決める」というようなものだ。

しかし、提出期限も中間的な道標も示されない場合には、委員会は効果的とはならない可能性が高くなる。仕事は真剣に受け取られないか、委員会が定期的に開かれない、あるいは開かれても主導的な動きのないままに終日流れていくだけである。期日は仕事の焦点を決めるもので、それなしに委員会が仕事を成し遂げることは難しい。

いかにして委員会を機能させるか

いくつかの簡単な解決策を用いれば、委員会はサボタージュの原因から、生産的で協働的なツールに転換できる。

3 Sabotage by Committee
委員会によるサボタージュ

解決策1：発端当初から役割を決定し、ことに説明責任を明確に指定する

これまで述べてきた3つの課題、すなわち同意を形成する仕組み、ゴールの有無、期日の有無の根源は共通している。責任者がいないことだ。または少なくとも、成果に対して「責務を負っている」とか、ともに前進してゴールを定め、期日を決め、それを守り、委員会メンバーの同意を追い求めていくための権限を与えられていると感じる人が誰もいないからだ。

プロジェクト管理の世界においては、説明責任を討議するにあたって、単純かつ効果的なモデルが発案されている。それは、RACIと呼ばれる。もしこれをご存じなら次の数段落は飛ばしても構わない。そうでなければ、これから学ぶことは、あなたの人事管理上の最も力強い武器となり、簡単なテクニックでありながら、**委員会によるサボタージュ**を防ぐ強力な道具となるであろう。

たとえば、別の州にレストランのチェーンを開店するか否かを決める仕事に取り組むとしよう。この件を検討するために、社長は委員会の人員を選出することにした。地域本部長は当然含める必要がある。新しい店舗を経営するのはレストラン事業部なので、そこから誰かが入るだろう。新しい土地での宣伝にはさまざまな関連課題があるので、営業部も含める。調達部？ 当然のことだ。新しい物資調達先を確保しなければならない。経理部？ 新しいレストランが利益を上げるか否か、誰かが決めなくてはならない。人事部？ 新規

の雇用者が必要だ。不動産部？　新しい土地を選定確保しなくてはならない。情報技術部？　新しいレストランには新規のシステムが必要だ。法律関係？　新規の契約が必要だ。フランチャイズ関連？　内部連絡網？　ここまでですでに11人がこの委員会に所属する可能性があり、この案が進展し始めれば、もっと多くの部署が首を突っ込んでくるだろう。

しかし、この11人すべてが必要なのだろうか？　会合のスケジュールを決めるときに、本当に11人全員のスケジュールを毎回調整したいだろうか？

ここで、ＲＡＣＩが登場する。このＲＡＣＩモデルでは、グループのメンバーは以下の４つの役割の１つを担当する。

R：実行責任（Responsible）

A：説明責任（Accountable）

C：相談対象（Consulted）

I：情報提供対象（Informed）

レストラン・チェーンの委員会を例に取れば、各部署の代表者はこの４つの役割の１つを割り当てられる。たとえば営業部を考えてみよう。市場分析、広告宣伝コスト、競争力などは、新しい土地にチェーンを広げるか否かの決定要因となるものであるから、営業部が委員会に代表を送るのは当然のことだ。このことは営業部の役割が「Ｒ（実行責任）」

であると示している。つまり決定に対して責任を負うことであり、委員会の必須メンバーである。

同じことが法律関連についてもいえるだろうか？　法律関連の代表者があらゆる決定の要素に絡んで会合に出席していることは必要だろうか？　そうではあるまい。法律に関連のある決定が下されるときにのみ、前もって相談を受ける必要があるだけだ。よって、法律関連の役割は「C（相談対象）」となる。法律関連の代表者は、決定が下される前に、法的な絡みについて相談を受ければそれでよく、委員会に所属している必要はない。

情報技術部はどうか？　この部門は案件が実践に移されるまで関与することはなく、決定の「是非」に関係はない。しかし、連絡の輪に入っている必要はある。連絡を受ける必要はあるが、それは勧告や決定が成された後の段階でよいのだ。よって、役割は「I（情報提供対象）」となる。

さてここで重大な役割が残っている。「A（説明責任）」の役割である。

組織内で起こることについては、もちろん社長が最終的な説明責任を負う（ハリー・トルーマン大統領の言葉「責任は私が取る」を思い出してほしい）。しかし、社長が組織を活用したいと考えれば、説明責任を移譲し、他の人々にさまざまな決定を自分のものとして考えてもらうことが大切だ。なぜならその逆は、社長がすべてのことに対する決定者となり、それは会社が効果的に機能成長する可能性をいずれは限定してしまうからだ。

物事の決定にはオーナー（最終決断者）が必要で、委員会そのものはオーナーにはなれない。したがって1人の人間がオーナーとなる必要がある。さらには、一個人が委員会の最終決定を下す権限を委託されている必要がある。それは、恒久的なものではなく、再検討の余地を残し、社長が介入してその決定を却下することもできる形である。しかし、委員会メンバーの中で、1人は説明責任、すなわち、RACIの「A（説明責任）」の役割に選出されなくてはならない。この人物が最終的にチームの仕事とその勧告に裁断を下すのである。

多くの組織は特定の個人に説明責任の役割を振ることを恐れる。そこには政治や人柄が入り込んでくるからである。もし地域本部長が新しい土地に進出するか否かの決定をすることができるとして、営業部が好まない方面を選ぶことができるだろうか？　もし事業部がその動きを支援するに十分な力量がないと感じているとすればどうなるのか？　いっそのこと、グループで一緒に決めたほうがよいのではないだろうか？

もちろんその通りだ。その通りになるかもしれない。その通りにできて、つまり皆が手を取り合って全会一致で「主よ、ここへ」を合唱できるならば、それは素晴らしい成果である。社長としても、内部抗争に終わる委員会より、全会一致の提言のほうが嬉しいだろう。

しかし、決断とは厄介なものである。妥協や取引をしなくてはならない。勝ち組も負け組も出てくるだろう。そして社長がその厄介な決定のすべてを自分の机上に置きたいと思わない限り、RACIにおける「A（説明責任）」の役割は、委員会で可能な限り功を奏する案を決断できる、誰かの机上に置くしかないのだ。

ＲＡＣＩを効果的に利用する上で覚えておくのは4つの言葉だけだ。「実行責任」はチームにあり（Responsible)、「説明責任」は一個人にある（Accountable)。「相談」は決定前にされ（Consulted)、「情報」は決定後に流される（Informed)。

このＲＡＣＩモデルが提供する明瞭さは、組織内の委員会を一夜にして変えることができる。この単純なテクニックは、理解し実践する価値があるだろう。

解決策2：その作業に委員会が必要か否かを確認する

自分たちは世界的規模の買収から会社恒例のピクニックに至るまでの課題に対処しなければならないという笑い話を、顧客であるシニア・マネジメント・チームとよく言い合ったものだ。チームの1人は、「ピクニックをどこでするかだけではなく、結婚していないがつきあっている相手の子どもを招待客に含むか否かまで、昨年は話し合ったんだよ」と話してくれた。

これらの議題は些細なことなどではない。しかし、シニア・マネジメント・チームで対応する必要もないだろう。最良の組織とよきリーダーは、仕事がチームにふさわしいこと、そして必要のある場合にのみ委員会を設置していることを確実なものにしようとする。

決定を下すにはさまざまな視点からの検討が功を奏する場合もあるが、以下の3つの質問が特に重要である。

委員会を設置する価値があるか？
この課題に職員の共通の時間を費やすのは、本当にふさわしいことか？
この件はある人物の職務内容を超えた、特別な決定事項となるものか？

もし右の質問に対する答えが1つでも「NO」である場合には、その件は1人の説明責任者に委任することができるものか、または誰かの通常の職務責任の一部とすることができるものか、を検討する必要があるだろう。

解決策3：委員会は極力小さくする

Amazon.comの創始者であり、代表およびCEOのジェフ・ベゾスはかつて、2枚のピザで足りないチームがあれば、そのチームは大き過ぎる、と言った。[◆1] 同様のことが委員会についてもいえる。

さらにこれについては、ウォール・ストリート・ジャーナルが委託した研究で、実験に基づいた裏づけもある。少なくとも、ある特別な委員会、すなわち株式公開企業の取締役員会についてあてはまる。[◆2]

3. Sabotage by Committee
委員会によるサボタージュ

取締役員会というのは、数ある委員会の中でも、最も扱いにくい典型的な性格をみせる。議長はいるがメンバーはこの人物の部下ではない。メンバーの投票は平等である。株式会社の役員会の権限というのは、ある意味では非常に明確であり、また別の意味では広範で漠然としている。またその規模もさまざまだ。平均的な役員会は10人から12人ほどの取締役員からなるが、それより小さいものも、また大きいものもある。

ウォール・ストリート・ジャーナルは、あるシンプルなケースを調査した。それは、小さな役員会（8人から10人の取締役）のある法人と、大きな役員会（12人から14人）の法人では、その業績に差異があるだろうか、ということだ。

この問いの答えを見つけるために、研究者たちは2011年から2014年にかけて100億ドル以上の時価総額をもつおよそ400の法人の収益を調べた。その結果はどうだったのだろうか？　平均（9・5人）よりも小さな役員会をもつ法人のほうが、10種の業界のすべてにわたって8・5%ほど高い業績をあげており、平均よりも大きな役員会をもつ法人（平均で14人）の業績は同等の産業界の平均より10・85%ほど下回っていた。

役員会が小さい場合には、個々の取締役が個人的に意思決定に参加できる。大きな役員会では、争点が繰り返して述べられ、第2、第3の質問によってそれを「掘り下げる」ことが難しくなる。役員たちは自分の意見を表明し、質問をするが、議論は形式的なものになりがちだ。小さな役員会では、メンバーが相互作用的に会話を交わすことができ、特定の話題に深く踏み込んだ本物の対話をすることができる。小さな規模は「実践的」となり、大きな規模はよそよそしくなる。

メンバーがほんの数人増えるだけで、小ぶりで効果的、かつ敏捷で努力を惜しまないチームが、動きが鈍く煮え切らない、よそよそしい傍観者のチームに変容してしまう。これは、「もう1人」の志願者（あるいは推薦された者）によってごく簡単に、そして自然に起きてしまう。よって、ことに委員会に関する限り、「大勢」は「低下」を意味するので、定数が足りたときに「もうこれ以上は必要ありません」と表明することは、グループの有効性に多大な成果をもたらす。

OSSが委員会をできる限り大きくせよと勧めることには理由がある。それは、大きな委員会は本質的に効果が低く、組織の生産性をすり減らしていくのを知っていたからだ。委員会を小さくし、敏捷性を保つことが、**委員会によるサボタージュの繁殖地になること**を防止するのである。

解決策4：重要な委員会に誰が仕えるかを管理する

委員会の人員を選出する最も一般的なやり方は、ボランティアを募ることだ。委員会に名を連ねることは、いつもの仕事のほかに尽力する必要があることを意味する。誰かが自発的に申し出るということは、仕事を調整して時間を見つけ、余分な責任を負うことを自認していることになる。それは委員会を立ち上げる一番簡単なやり方かもしれないが、最

3 Sabotage by Committee
委員会によるサボタージュ

良のやり方とはいえない。このようなボランティアの人々は、その仕事をやり遂げる最適のメンバーではないかもしれないからだ。

ここに、「4つのW」と呼ばれる、公益事業の領域における効果的な委員会モデルがある。委員会のよきメンバーとなるためには、次の4つの機能のいずれかを満たしていなければならない。それらは、よい働き手であること（Worker）、見識をもっていること（Wisdom）、富を提供できること（Wealth）、そして委員会の信望を高める外見を提供できること（Window-Dressing）、である。

働き手（Worker）：委員となる者は、決定を行動に移すために何が必要かを把握していなくてはならない。この人物が行動を実行に移し、仕事を成し遂げるために必要な時間と心遣いを提供する。

見識（Wisdom）：委員となる者は、健全な判断をし、間近な（あるいは目下の、または今やり過ごしたばかりの）問題を見抜くことができる。見識というのは、パターンを認識したり、他の者にはわからない結びつきを見いだす能力を意味し、これは長年の経験から培われる。

富（Wealth）：委員となる者は、資源を調達できなくてはならない。ここでは単に資金だけとは限らない。学校の運動会の障害物レースで大きなタイヤを準備する際、タイヤストアに働く者が障害物委員会にいれば、事は簡単にはかどる。コンサート会場を探す委員会なら、定期的に演奏する音楽グループに所属して音響を理解している人物がいれば好都合である。この資源には望ましい専門性や影響力をもった人々と関係し、つながりがあることも意味する。

外見（Window-Dressing）：委員となる者は、委員会の外での交際を通して追加の威信を添える。たとえば、学校や幼稚園での朝食提供を検討する委員会では、地元の専門学校の栄養学科長が参加してくれれば好都合である。

委員会の人員を選出するとき、ＲＡＣＩのプロセスと同時に「4つのW」を念頭に置くのは効果的である。チームには実行責任を負う（Responsible）のに十分な数の働き手（Workers）がいるだろうか？　信望を高めるにふさわしい人物がいるとすれば、彼らはチームメンバーとなるよりも相談対象（Consulted）や情報提供対象（Informed）の要員とするほうがよいだろうか？

しばしば公益企業には20人、30人またはそれ以上の人々が取締役員会に参加している。これは実際の仕事をするにはあまりに多い。メンバーには過去の富の貢献者や働き手がいるかもしれないが、貢献しなくなってしばらく経っているかもしれない。このような場合には、取締役員会を諮問委員会と執行委員会とに分けるように勧める。諮問委員会は相談され、情報を受けるが、必ずしもグループの運営には責任を負わない。その役割は小規模な執行委員会または運営委員会が負う。

この「4つのW」とRACIは最大限の効果を生み出す委員会を構成するための、最良の組み合わせとなる。

単にボランティアからなる委員会から、うまく構成されてバランスの取れた委員会へと移行する最良の実践は、委員会の設置を2つの段階に分けることだ。まずボランティアや被任命者を募るが、この段階ではまだ誰も任命しない。RACIを用いて、これらの人々がどの役割を担うかを決める。そしてあなたがその作業に最も適していると考える委員会を非公式に決める。それを遂行するにあたって選出されなかった人々に、興味を示してくれたことに感謝するが十分な数の希望者が見つかったことを伝える。あるいは、適切な場合には、異なるグループで仕事をしてもらえるかを尋ねる。もしくは、相談対象(Consulted)や情報提供対象(Informed)の要員となってもらうが、委員会における実行責任を負うメンバーになるのは遠慮してもらうのである。

解決策5：明確で実行可能な期日を設け、進捗状況について定期的な文書での報告を求める

委員会の多くは「常設」のものである。つまり定期的に選択肢や優先順序を提示したり、決定を下したりする。町立学校委員会であれば月ごとに会合をもち、必要に応じて新しい課題や問題を検討する。会社におけるリスクマネジメント委員会は四半期ごとに会合をもつ。取締監査委員会は外部からの会計検査官とともに半年ごとに会合をもつだろう。

しかし、ほとんどの委員会は特定の疑問点や課題点に取り組むために設置されるものだ。このタイプの委員会は、そのままにしておくと何の明確な成果もないままに、いつまでも継続する。何の最終目的も時間枠もないままに会合をもつのだ。

特別の目的をもった委員会や作業班は、人的にも組織的にも、時間とエネルギーのとてつもないブラックホールになることがある。経営幹部が会議から会議へと一日中走り回るものの、費やされた労力につりあう成果が週の終わりにみられない委員会は、私たちの顧客である法人にも見受けられる。

政府組織は、このようなタイプの組織の迷走を避けるために、しばしば「サンセット条項」を制定する（訳注：サンセット条項とは、採用された方策の妥当性を確認するため、一定期間ごとにその適否を諮る仕組みのこと）。その規定は、委員会の活動は一定期間のみ継続する、というものである。その期間の終了時には、グループは再構成されるか、あ

るいは日没のように次第に姿を消していくことになる。

しかし、「サンセット条項」は個人企業や公益企業の世界では稀である。委員会、作業班、主導グループなどは何週間、何か月、何年も迷走を続けることがある。何かが「進行中」であることを示すために活動は続けるものの、明らかな成果や自分たちの仕事を完了させるような結果は出てこない。

次のような単純な解決策を試してほしい。自分で委員会を設置するか、あるいは自分が議長であれば、期日を設定する。委員会のメンバーであるなら、期日を要求する。明確な成果、または「実行可能な」案が期日までに提出されるべきである。実行可能な枠組みをあなたが設定できない場合には、その枠組みの設定を要請すべきである。そしてできれば、何が達成され、何がその先に控えているかの報告書を定期的な文書による形式で作成する。またはそのような報告書を委員会の活動に組み込むか、期待されるものとすべきである。

これはいかにも簡単なことのように聞こえるが、驚くべきことに多くの場合、現実には起こらない。**委員会によるサボタージュ**の危険性は実に高い。問題は、委員会が間違った結果を出すことではなく、人々が会議にのみ明け暮れることなのだ。つまり、立派な会議とは、実際に事が進展したか否かに関係なく、ドーナツが出てくるもの、になってしまうのだ。

サボタージュの最も強力な武器

委員会というものは、実際には何も起こっていないのに仕事しているという外見を装うときにきわめて有害なものとなる。それは人々や作業に生産性という外見をもたせ、無為を隠し、実際の仕事に取り組むエネルギーを吸い取ってしまう。組織のエネルギーを吸収するという特殊な能力のゆえに、それはサボタージュの最も強力な武器となるのだ。

委員会の構成や目的に油断なく目を配るということは、退屈な仕事のように思われるが、結局のところ委員会に決断を任せるということは、あなた自身がその判断に費やす時間がないからなので、格別の注意を払う価値はある。ＲＡＣＩや「４つのＷ」のような基本的な手法を取り入れることは、組織の生産性を確保し、サボタージュから守るという点で、多大に功を奏することとなる。

4

Sabotage by Irrelevant Issues

無関係な問題によるサボタージュ

できるだけ頻繁に
無関係な問題を
持ち出せ。

Prepared under direction of
The Director of Strategic Services

一対一の会話や会議の場にかかわらず、無関係な話を持ち出す人がいる。実に厚かましく話し始める。この手の人物は、何か他のことをすべきときに、行きあたりばったりの話題を会話に持ち込んでくる。「あの、それを聞いて思い出すのはですね、いつか……」という手のものだ。彼らを見分けるのは簡単で、その冗談が時間を食いつぶしているときに、黙らせるのも簡単である。

彼らはサボタージュ工作員ではない。実際のところ、ほとんどの個人的な逸話や脱線、余談というのは悪くはない。長いこと座っていた後にちょっと立ち上がってストレッチをするのと同じように、彼らの話は会話を活気づけてくれる。お互いに言葉を交わしたくなるような、個人的なつながりをつくり出す基盤を提供し、強いチームを生み出す助けとなる。同僚が飼っている子犬の話を聞いてみたいだろう。今度自分がシカゴに行くときには、ボスが見つけた素敵なレストランを聞いておきたい。時間を気にしながら話し合いをしている途中で、20分も他の話をしたくはないと思うかもしれない。いやしかし、それは聞きたいことなのだ。そしてもし誰かが話を引き延ばしたら、前に言ったように、簡単に「いや、ほんとにそれについては聞きたいんだけど、後でいいかな？　今はこちらのほうを片づけなくちゃ」と言って中断するのはちっとも難しいことではない。

無関係な問題によるサボタージュとは、まったく別のことである。彼らはごまかしの達人なのだ。つまり、彼らはあることをしていると他の人に思わせ、実際はまったく別のことをしている（手品師にはうらやましい存在だろう）。サボタージュ工作員が話していることは関連性のある重要なものだとあなたに感じさせるが、実はそれは脱線した、取るに足りないことで、不適当でさえある。彼らは自分のしていることがわかっていないので、そのひたむきさと率直さは自分の主張を通す手助けとなる。そして聞いている側は、自分が見たり、聞いたりしたことを信用してしまうので、突然足をすくわれることになる。

無関係な問題によるサボタージュは、時間を無駄にするだけでなく、優先順序や問題点、過程などをめぐる誤った認識によって人々を間違った方向に誘導するので、非常に込み入った実害を引き起こす。それはグループのメンバーが討論を理解しようとするときに、その共通基盤やゴールを見つけ出すことをことさらに難しくしてしまうので、不必要な緊張を誘発し、関係を悪化させるきっかけとなる。

そのため、この手のサボタージュを阻止する方法を理解することが大切である。

目の錯覚の如きもの

無関係な問題によるサボタージュは、誰かが目前の課題と過去に起きたことを比較しようとするときによく起こる。彼らは「過去の失敗から学ぼう」とか「他人の失敗から学習しよう」などと言い立てるかもしれない。ところがこのような場合、そこにいる人たちは、これはリンゴとオレンジを比較すること（訳注：まったく異なるものを比較すること）と同じかもしれない、とは考えずに、その比較は適正なものだと考えてしまう。

普通、この比較は大失敗か武勇伝を手本にすることが多く、競争相手に関係している。たとえば地元の学校のＰＴＡミーティングで、スクールパーティに何名の保護者が付き添うことが必要かを話し合っているとする。誰かが次のような比較を投げかける。「ピアス高校が二次会を主催したときには完全にしくじったんだ。保護者はみんな部屋の片方に固まっていて、出口が2つあったのに誰も見張っていなかったんだそうだ」。会合はパーティについて話し合うもので、二次会についてではない。それに、ピアス高校は熱狂的なパーティで悪名高く、自分の高校は地味なダンスパーティで知られていることなどお構いなしである。

自分たちのスクールパーティを他の非常に異なった側面を有するパーティと比較することで、この**無関係な問題によるサボタージュ工作員**は、二次会が許可されるべきか、あるいはパーティそのものが主催されるべきかという、一般的な関心事で一大論争を引き起こしてしまった。会議は脱線し、大失敗となってしまった。

意図しないサボタージュ工作員が、無関係な問題を持ち出してしまう別のやり方は、差し迫った課題を口にする、というものである。この手のサボタージュ工作員は、その日の会議で成功を収めるために、緊急課題を持ち出すのだ。たとえば、会社の製品の保証期限を延長するか否かの会議で、誰かが「我が社の顧客サービスに関する最新の調査結果を見たんですが、今ここで話し合うべき課題が見つかりました」と言ったとする。そこで話し合いは顧客サービス一般についてのものではないにもかかわらず、顧客サービスの質につ

4 Sabotage by Irrelevant Issues
無関係な問題によるサボタージュ

いてのものになってしまう。しかも誰も顧客サービスについて話す用意はないので、話し合いは非生産的な言い争いに成り下がってしまうのだ。その一方で、保証期限の延長の問題は手短に片づけられ、グループはそもそもミーティングをもつにいたった重要な点を見逃してしまう。

無関係な問題によるサボタージュ工作員は、副次的な問題に関する情報を要請することで無関係な問題を持ち出すことがある。次の例を見てみよう。全国的なボランティア組織の地元支部で、5人のボランティアが受賞晩餐会について検討している。ダンを除く全員が何をテーマとするかについて考えているが、ダンは注意を払っていない。彼にはテーマを決めることよりもっと大切なことが気になっているのだ。彼の娘婿が隣町のカンファレンス・センターのマネジャーになったばかりで、ダンは自分の身内に手を貸すチャンスが来たと思っていた。そこでいきなり、次のように切り出す。「あのう、この受賞式のテーマを決める前にですね、どの会場を借りるかを考える必要がありますね」。

同僚たちは感心して彼を見つめる。「その通り」と思う。「ダンが一番わかってるよ。会場がどんな感じか、飾りつけや音楽や食事のサービスにどんな制限があるかを知らずにテーマなんて決められないじゃないか」。

ここでの問題は、ダンがやっていることがいわゆる「法廷地あさり」(訳注:自分に有利な判決を出してくれそうな法廷・裁判官・陪審員を探すこと)であることを他のボランティアたちが知らないということだ。そしてもし、**無関係な問題によるサボタージュ工作**

員がもう1人いて、派生的な問題を持ち出したとしたら、たとえばメアリーの親友の娘が競争相手の会場で働いているとしたら、この話し合いの当初の目的はメチャメチャに切り崩されて死んだも同然のことになるだろう。

「無関係な問題によるサボタージュ」を防ぎ、対処する

無関係な問題によるサボタージュは、その時点で食い止める用意がないと、たいへん厄介なものになる。ミーティングにおける議論の真っ最中に、この手のサボタージュはレーダーを避けて飛び込んでしまい、それに気づいたときには、当初の議題に戻って焦点を当てることはできなくなってしまう。次に、**無関係な問題によるサボタージュ**を、初めからいかに回避し、それが起きたときにいかに見抜き、いかに払いのけるか、そのヒントをあげる。

共通の焦点とゴール

議論やミーティングの際に、共通の焦点や共通のゴールを明確に言葉で表現する。それを目の前や会場の中央に書いて貼っておく。オリヴァー・ウェンデル・ホームズ・シニアはかつて、「複雑な体系の手前にある些細な事柄に注意を払う気はまったくないが、その

4. Sabotage by Irrelevant Issues
無関係な問題によるサボタージュ

向こう側に浮かび上がる単純さは何としても手に入れたいものだ」と言ったものだ。明瞭さとは「その向こう側に浮かび上がる単純さ」である。

たとえば、あなたがオンライン商売の顧客サービス部長で、「顧客満足度転換」のための会議を招集したとしよう。会議の参加者はなぜ顧客満足度の転換が必要なのかを知っているだろうか？　あなたの言う「転換」には何が必要なのかが、いくらかでもわかっているだろうか？　会議の席になんらかの案を用意してくるためには、これらのことを会議の前に参加者が知っている必要があるだろう。

出席者が会議の焦点やゴールを知らない場合には、本人は役に立つと思っているものの、実際はそうではない課題や情報を提供してくる可能性がある。先の部署は、前もって次のような情報を提供して、会議の明確な方向性を分け合っておくことができたかもしれない。たとえば、「現在のやり方では、コストは上がる一方だ。プロセスを変更してコストを削減し、同時に、現在の顧客満足度を維持する方法を、ミーティングで話し合うことにしよう」というふうに。

会議やグループディスカッションの目的を前もって明確にすることは、必ずしも可能であるとは限らない。そのような場合には、会議の最初の時間を、共通の焦点を見きわめることだけに費やす。何かのプロジェクトを開始したり、難題に対処するための会議や話し合いの場合には、そのミーティング、あるいはプロジェクトや難題に関する目的や焦点についての、グループとして合意に達するための時間をあらかじめ取っておくことが、さらに重要になるだろう。

コネチカット州の病院で、何百万人もの患者にケアを提供するハートフォード・ヘルスケアのCOO（最高執行責任者）であるジェフリー・フラックスは、かつて次のように述べた。「問題のごく初期の段階で話し合いをしているとき、グループの中の1人が信じられないようなやり方で図星を指すことがあるんだ。時にはたったの一言、あるいは1〜2行の文だけでね。そんなときは部屋中の人間が、その問題の共通定義を身体で感じられるほどの理解に到達するんだよ」。そのような共通定義を打ち立てることができれば、誰かが迷走したり、うっかりとサボタージュに引き込んだりしたときに、はっきりとわかるようになる。

グループの活動から推測されることを理解し説明する

無関係な問題は、誰かがある事柄がどのように影響するかを質問したり苦情を述べたりすることによって、議論の中に忍び込んでくる。しかし実際は、その事柄は影響しない。そこでミーティングに向かう前に、あなたのグループの活動から推測されることを理解しておく必要がある。表を活用する。ごく単純なテンプレートに書き留めるか、グラフを用意しておく。その図を完全に埋めていなくても、そのプロセスは前もって始めておかなければならない。そうすれば、誰かが「私の部署の人員はどうなるんですか？　この件は

4. Sabotage by Irrelevant Issues
無関係な問題によるサボタージュ

どんな影響を与えますか？」と聞いたり、「この決定は他のチームの計画を台なしにしてしまうじゃないですか」などと言った場合に、あなたには答える用意があることになる。

たとえば、あなたがある運動競技連盟の営業と広報を担当しているとしよう。チームの名前の半分は何十年も前に決められたもので、今日の基準からすると差別的に響くとする。今年中に名称の変更を行動に移さないと、それに対する反感が連盟のイメージを損ねるだろうと理解している。そこで新しい名前を考え出し、連盟の代表とその他のトップマネジャーからの必要な承認を取ったとする。しかし、組織全体に対して名称変更を発表する場をもつと、数人が猛烈に反発してくる。

その1人が「われわれはすでにユニフォームやカップ、売店で販売するさまざまなものを注文してしまったんだ。これを全部やり直すのに、いったいいくらかかるか知っているのかね？」と聞いてきたとしたら、その人物の質問は妥当なものなので、あなたは対処しなくてはいけない。

しかし、もう1人が新しい名称について、古い名前に最も反発していた連中がその変更に一枚加わるべきだとか、以前から連盟で商売をしてきた付随ビジネスが新名称の影響を受ける、などと反対する場合があるだろう。

もしあなたが手元の課題をしっかりと把握しており、その影響が他の部署に及ぶ「範囲」を明確に理解していれば、それが**無関係な問題によるサボタージュ**であることがわかるだろう。そう、反対者の意図は理解できる。しかし、その問題は目下の議論とは関係がないので、あなたは「いや、ここでやろうとしていることはそれには関連がありません。それはまた別の会議の議題となりますね」と言うことができる。

ペース、形式、プロセスを設定する

ミーティング（7人以上のとき）の開始時には、話し合いの基本原則を決めるか、再検討することができる。ミーティングの時間枠はどれくらいか？　それぞれの議題にどのくらい時間をかけるか？　ミーティングはフォーマルなものか、インフォーマルなものか？　誰が発言すべきか？　私たちの知っている、とてもうまく運営されている組織では、これらの問いに対する答えを会議室の壁に貼っている。

そうしないと、それは、ルートが決まっていないドライブのようになってしまうだろう。皆、北に向かってはいるのだが、ハイウェイを飛ばす者もいれば、観光ルートを行く者もいる、というわけだ。

基本原則を設定することは形式に関することなので、ミーティングの目的を決めることとは違う。多くの定期的に催される会議は、形式について暗黙の規則がある。たとえば、ランチルーム・ミーティングというのがある。これは、いくつかの会社で行われている、ブレインストーミングのためのインフォーマルな集まりで、誰でも参加できる。あるいは、「1日の終わりの確認」がある。これは職員が帰りの電車を捕まえる前に、決められたプロジェクトの何が実施され、これから実施されるべきものは何かを確認するための、短い、非常に効果的で余計な話題はいっさい含まないミーティングである。あなたの組織にも、ミーティングの種類によってさまざまな「原則」があるはずだ。新人も（暗黙のルールを破ったらジロリと見られるので）素早くそのルールを学習する。ここでは、**無関係な問題によるサボタージュ**はほとんど起こらない。

しかし、事業のふだんの流れの中に位置しないミーティングは、その形式が明確でないためにサボタージュに攻撃されやすい。あなたの意図は7つの議題を速やかに通すことかもしれないが、他の者たちはしばらく会っていなかった同僚との再会の機会と考えるかもしれない。あなたの意図は1つの決定を下し、その他の議題については見識を分け合うつもりでいても、他の者はそのミーティングでいくつかの議決をしたいのかもしれない。**無関係な問題によるサボタージュ**は、曖昧さをことのほか好む。

優先順位は重要である。ガイドラインも重要だ。主題からずれた話には、そのための時と場というものがある。その時と場を明確に理解しておく必要がある。

進行のためのテンプレートを準備する

目標を達成するためのグループと定期的に仕事をしていたり、慎重を期する複雑な作業や、いくつかの段階を踏むプロジェクトを一定期間内で完成させる仕事をしている場合には、何を、いつまでにしなければならないか、そしてそれは誰によって達成されなくてはならないかの経過を記録しておくとよい。進行のためのテンプレートとは、その節目ごとの経過を、あなたが確認するための予定表である。ある話し合いから次の話し合いまでに何をしておかなくてはならないかを決め、後戻りしたり横道にそれたりすることなく、あなたが前進するための手助けとなる。出席する全員が今ここで達成しなければならないことを知っているために、**無関係な問題によるサボタージュ**に晒される危険性も低くなる。

明らかなゴールや期日が決まっている場合には、時間割、つまりゴールを明記し、期日を決定し、それぞれの期日までに仕上げるおもな作業のリストを含むプロジェクト・プランを作成することは、さらに意味をもつ。単純なスプレッドシートでよいのだ。これは全員を同じ方向に向かわせることを狙いとする、単純な仕掛けである。同時にミーティングの出席者が、誰かが**無関係な問題によるサボタージュ**を起こそうとしていると思ったときに、それを指し示すことができる文書でもある。文書にした予定表や計画書などは、誰かがサボタージュを起こそうとしたときに「責任を取る」道具となる。

会議内容のレフリーを指名する

グループの焦点や話し合いが脱線しないようにするのに役立つもう1つの技法は、会議ごとに内容のレフリーを指名することだ。このレフリーは、誰かが関係のない話題を持ち

4 Sabotage by Irrelevant Issues
無関係な問題によるサボタージュ

出した際に、つまり誤った比較や火急の課題、副次的な課題など、関係のない話題を持ち出した際に介入し、話し合いの方向を元の、同意に基づいた共通の焦点へと戻す。

第2章では長話の達人や**演説によるサボタージュ**を阻止するために、タイムキーパーを提案した。会議内容のレフリーは似たような役割だが、時間ではなく内容に焦点を当てる。もし会議が、タイムキーパーと内容のレフリーの両方を設定するほど大きな場合には、2つの役割は分割したほうがよい。そうすれば、会議を順調に進めるためのプレッシャーを1人で全部背負う必要はなくなる（「無情な警官」の役割は簡単ではないのだよ！）。しかし、ほとんどの中小規模の会議であれば、1人が両方の役割をまとめてするほうが合理的だろう。

内容のレフリーを指名することで、あなたは全員にそれぞれが適切とみなす話題の提出を許可することになる。このことであなたは、提案が歓迎され、率直に話すことを恐れる必要はないというメッセージを送るのだ。もしたまたま関係のない話題が持ち上がったときには、レフリーが方向修正をすることができる。しかし、レフリーが介入したときにも、その話題が取るに足りないことだということではなく、ただ、その時点で話し合われていることには関連しない、という場合がある（これが、次のヒントである「駐車スペース」が役に立つ理由なのだ）。ここで注意事項を1つ。グループがごく小さい（5人以下である）場合には、社長をレフリーにしてはいけない。社長は個人的に深く関わり過ぎているので、レフリーの権限も兼ねると、他の者は発言することを避けるかもしれない。

「駐車スペース」を用意する

時を改めて検討する必要のある、無関係な問題をいったん留保しておける「駐車スペース」は、レフリーにとって一番の味方である。これは「使いの者を非難する」兆候を防ぐことができる。つまり、サボタージュを指摘した人物に責めを負わせず、同時に副次的な、あるいは無関係な問題を提起した人々が自分たちの主張を述べる場を用意することになる。

誰かが無関係な問題を言い出したら、会議内容のレフリーは次のように言って駐車スペースに誘導する。「あなたの言うことはよくわかります」とか、「あなたがそのことに情熱を傾けているのは明らかですが、今はちょっと駐車スペースに置いておいて、解散する前に話し合いましょう」とか、「次の会議で取り上げましょう。この会議はそれを話し合う場ではないし、このメンバーはその話し合いには合いませんね」などである。無関係な問題のための駐車スペースを用意することは、**無関係な問題によるサボタージュ**をうっかりと起こしてしまった人間の顔を立てることができる。彼らの思いは尊重されている。ただ、もっと適切な時期、適切な場でそれを公表するように勧められただけなのだ。

しかし、会議内容のレフリーは、出席者が彼らの意見を提起する場をいつ、どこで用意するかについては、慎重でなければならない。あまりに多くのものを駐車スペースに置き、会議の終わりに無関係な問題を提起するのを誘ってしまわないようにすべきであろう。その話題を検討する前に、何人かは会議から退散したほうがよいかもしれない。あるいは会議の後で、その人物と言葉を交わすことで思いを打ち明けてもらうほうがよいかもしれない。

しかし、駐車スペースに何かを置いたら、必ずフォローアップしなければならないことを忘れてはいけない。いったん「駐車スペース」に置かれた後に無視されたとなれば、その人物は憤慨し、将来にわたってその情報を隠してしまう。そうなれば、あなたは意図的なサボタージュ工作員に対処しなければならなくなる。

リンゴとオレンジ（まったく異なるもの）の比較に目を光らせる

この章の前半でリンゴとオレンジを比較する例を示した。ここでもう一度この例を考えてみよう。たとえばあなたが「ここでは僕が一番背が高いよ！」と言ったとする。そうかもしれないが、その情報は何の関係があるのか？　あなたが部屋中で一番ノッポの7歳の少年で、ロサンジェルス・レイカーズでプレイするのが夢で、しかもプロバスケットボールのルールを知らない、というのならわかるが。

誰かが提起しているのは、「リンゴに対するリンゴ」なのか、「リンゴに対するオレンジ」なのかを理解することは、関連した情報を扱っているのか、あるいは**無関係な問題によるサボタージュ**の可能性に直面しているのかを見きわめることになる。

考えてみてほしい。たとえば、会社が職員を採用するのにいくらの費用がかかるだろうか。近年ある世界規模のエネルギー供給会社は、1人を採用するのに5万ドルかかると算出した。これは明快な数字で、なるほどと思うかもしれない。しかし、本当だろうか？

その会社が5年前に誰かを採用するときに払った費用と比較するとどうなるだろう？もし6万5千ドル払っていたとしたら、それは見事な改善といえる。しかし、この情報は関連のあるものだろうか？　それとも、リンゴの前に置かれたオレンジなのだろうか？もしこの会社が以前には世界規模的な存在ではなかったとしたらどうか。あるいは当時、会社の評判も芳しくなく、採用は困難だったとしたらどうか。採用人事部で専門的なサポタージュが繰り広げられていたとしたらどうか？　これらすべてのことが、その比較が関連するものかどうかに影響してくるだろう。しかし、それだけではない。もし同じ規模で同じような国際的地位を占める会社がより多い金額を、あるいはより少ない金額を、しかも常に支払っていたとしたらどうだろうか。

誰かが比較対照の話を持ち出したら、そしてその比較が関連するかどうかが明らかでない場合には、話し合いを中断して質問する。そこにいる誰もが現場の実情や何が比較されているかに関して同意しているか否かを確認すれば、仕事を成し遂げる助けとなる。単刀直入な聞き方を恐れないことだ。まず「それは今話し合っていることに関連しますか？」と聞き、それから「では、どのように？」と聞くのだ。

4 Sabotage by Irrelevant Issues
無関係な問題によるサボタージュ

鏡に映るのは誰か？

他人がサボタージュを起こしているのを見つけるのは難しい。しかしそれより難しいのは、自分がサボタージュをしているときだ。

鏡に映っているサボタージュ工作員が実はあなた自身であるときには、**無関係な問題によるサボタージュ**を見破るのは不可能に近い。まるで背中に札を貼られたようなものだ。そう、自分では読めない。経営管理委員会であなたが会議を切り上げた後で、同僚の営業部長が肩を叩いて、「ひどい会議だったな、ビル。君は本当に20秒以上議題に集中するってことができないんだな」と言う可能性は低い◆1。

だとしたら、どうやって自分が**無関係な問題によるサボタージュ工作員**であることを見破るのか？

忠告者を見つけることだ。相談役、といってもよい。決定的な場面でズバリと正直な忠告をしてくれる人物だ。この人物が同じ組織内部に見つかることは非常に稀なことだ。なぜなら、あなたの忠告者の地位や福利が、あなたによって大きく左右されることがあってはならないからだ。ある職業的サービス提供会社のシニア・リーダーにとって、この忠告者は本部にいる総務部長だった。彼女はその会社に長年勤めており、定年に近づいていた。彼女は派閥に与しておらず、秘密を守る術を長年の経験から身につけていた。その上彼女は、多くの共同経営者がほんの「若造」のときから成長していくのを見てきたのだった。

このシニア・リーダーが彼女に忠告者になってくれと頼んだのではない。彼女が自らその任を引き受け、彼の職業人生の決定的な場面で鋭い、率直な忠告を提供してくれたのだった。

あなたにとって、それは誰だろうか？　それが家族の一員であったり、部下の1人であったりすることはできない。しかし、自分のグループ外の誰か、同じ分野で相当の経験を積んだ人物に頼むことはできる。あなたが比較的くだけた作業グループにいるとすれば、定年間近の評判のよい同僚か、以前あなたのポストにいて、今以上の昇進は望んでいない人物にあたってみることはできる。大規模な組織の中枢部で仕事をしているなら、外部の助言者を雇うこともできる。その場合には、いろいろと暗示的な会話を交わすのではなく、直接的に言明してくれるように伝える必要がある。

明らかにこの忠告者は、あなたが参加するすべての会議には出席しない。しかし、この人物はあなたの癖を知っている。忠告者が言うことのすべてをあなたは気に入らないかもしれないが、しかしきちんと耳を傾けるべきだ。それは個人的なトレーナーを雇うのと似ている。あるいは、食物繊維を多く摂るのと似ている。そのプロセスは気に入らないかもしれないが、結果は重要だ、ということだ。

誰が考えただろうか？

もともとの「サボタージュ・マニュアル」を編み出したＯＳＳのチームメンバーは、組織の仕組みを解剖し、各層ごとに掘り下げて弱みとなる部分を確定することに多大な時間を費やしたに違いない。さらには鏡の中に映る自らの姿を見つめ、他の組織に感染し蔓延させる可能性のある、個人的な弱みも発見したことだろう。いったい誰が、ごく些細な脱線という罪のない行為が、作業を進めるグループにとってこれほどまでに破壊的だということを考えただろうか？

彼らが識別したサボタージュ戦術のすべては、表向きには無邪気なものだ。たとえば、伝達の際の正確な言葉使いをめぐってもめるようなことが、意図的で破壊的なサボタージュにまで発展し得るなど、いったい誰が考えただろうか？　だが、そうなるのだ。それについては次の章で実証する。

5.

Sabotage by Haggling

論争によるサボタージュ

通信、議事録、決議の
細かい言い回しを
めぐって議論せよ。

Prepared under direction of
The Director of Strategic Services

「サボタージュ・マニュアル」の作成者たちが、「コミュニケーション」という言葉は漠然としているので「メモ」に変えたほうがよいなどと、この短いけれど効果的なパンフレットの中で、使う言葉を細かく検討したとは思えない。自分たちの提案するサボタージュ戦術の言い回しを討議することで、発行を遅らせることはできなかったからだ。戦って勝たねばならぬ戦争の真っ只中にあり、時間を無駄にはできなかったのだ。

一方で敵側には、言葉使いをこと細かく検討することで時間を無駄にしてほしかった。ほんのわずかの時間の浪費が、重要な時間とエネルギーのロスになることを知っていたからである。場面を70年先まで話を進めると、奨励するサボタージュが、作業グループに実に何時間もの生産性を損失させていることがわかる。

できるだけ明瞭簡潔な伝言を作成しようとするとき、自覚せずに**論争によるサボタージュ**を起こしてしまうのは実に簡単なことだ。言い回しに気を遣うことは大切だ。現代のデジタル世界で生き残るには、数えきれないほどの伝達チャネルを通じて、絶えず、そして素早く同僚、雇用者、顧客、援助資金提供者、共同経営者、アナリスト、株主などと連絡を取らなくてはならない。誤解を招くようなほんの些細な言い回しの間違いによって、数分の内に、それが伝わった人々や組織に恒久的な損害を引き起こしてしまう可能性がある（100兆ものEメール、8・6兆ものSMSメッセージ、そして2千億ものツイートが1年間に送信されている。人々が相手の言葉を誤解するのはしょっちゅうのことだろう）。

5. Sabotage by Haggling
論争によるサボタージュ

このようなコミュニケーションの際の言い回し、たとえばソーシャルメディアのメッセージ、会社の綱領、政策、報道発表、議事録や議決などのあら探しをする場合には、相当の不安やフラストレーション、恨み、計画の遅れなどが起こり得る。「完全を目指すあまり正常な者を敵に回すな」ということわざがあてはまる状況があるとすれば、このことである。

エリンのことを例にあげよう。彼女は同僚たちと席につき、自分の書いた草案のメモを回して意見を求める。ほぼ1日をその草案に費やし、自分では満足に思っている。だって奉仕としてやったんですもの。これは所属する教会に関係する人々を、年に一度の資金集めの競売に招待するもので、競売にかけられる品物やその夕方に計画されている催し物を呼び物とし、恒例となった競売がいかに重要であるかを伝え、ボランティアを募るものだった。

ところがエリンは皆の反応にあきれてしまう。誰一人として彼女の草案に満足してくれないのである。討議の途中で、「○○ばかりでなく」という言葉の後には、「△△も」という言葉が続くべきか否か、で驚くほどさまざまな意見が出てくるのだ（訳注：英語には「Not only... but also...」という構文があるが、Not only を使うのであれば、but also を文の後ろに伴うべきか否かという議論のこと）。「どうして『△△も』がいるの？」とエリンが尋ねると「それが正しい言い方だからよ」と参加者の1人が答えるのだ。1時間後には皆疲れ果ててしまう。しかも、草案はメチャクチャになってしまったのである。

皆は部屋を出るとき、自分の草案のコピーをエリンに手渡す。それにはバツ印がつけられ、感嘆符がつけられ、余白には細かい書き込みがある。皆機嫌が悪く、会合は最悪だったと思うのだ。さらに悪いことに、議長であるマークは企画委員会から身を引くかもしれない。この会合はもう僕の限界だね、と彼は帰り際にぼそっとつぶやく。どうしてこんなことになったのだろうか？ ヴァレリーが「ゆくゆくは」という言い回しをめぐってマークと議論したせいなのだろうか？「ゆくゆくは」と「将来的には」のどちらがよいかなど、誰が気にするというのだ？ 何の違いがあるというのだ？ エリンはこの覚え書きを明日送付することになっている。でも、それはもう無理だ。

よかれと思っての行動である。その通り。しかし、これがサボタージュなのだろうか？まったくもって、その通り。

草稿の質を高めるべく始まった会合は、あっという間に悪感情と非生産的な行動へと退化してしまった。このグループのメンバーは、その日に予定されている次の活動へと機嫌の悪いまま向かう。きっと何事にも身が入らないことだろう。エリンとその草稿で人々が感じたイライラは、次の人々のイライラとなるかもしれない。まったくその草稿とは関係のない人々であっても、である。そして皆がプレッシャーを感じている。エリンは予定が遅れたことで、そして他の人々は時間を無駄にしたことでイライラして、何かに失敗したような気分になっている。

さて、別のシナリオを考えてみよう。エリンは全員にメールで覚え書きを送り、確認し

5. Sabotage by Haggling
論争によるサボタージュ

てもらうように頼む。全員が個別に訂正し、フィードバックをつけて送り返す。その量を見てエリンは悲鳴を上げるが、それでも提案を受け入れたり、流したりに時間を費やす。しかし、そのプロセスが役に立ったことは認めざるを得ない。

クレアは文法的な誤りを指摘してきた。マークは横柄に響かないように訂正した。最後の段落をパオラが直してくれたので、気の利いた言い方になった。ついでに大切な内容をつけ足してくれた（が、エリンはそれを採用しないことにした）。このように見直された草稿はグループの努力を表すもので、短く、要点をついていて、説得力があった。

この場合、エリンは**論争によるサボタージュ**の犠牲者とはいえない。彼女は見直した草稿を送る際に、提案してもらった点の採用、不採用の理由を添え、皆に感謝の言葉を伝える。その書類を一読するように依頼するが、おもな校正作業は終了したことを伝える。もし誤りがあれば指摘してほしいが、さもなければ、この草稿が公表される、と伝える。時間が切迫しているからだ。

2人の同僚がすぐさま「これでいいと思います」と返答してくる。他の者は翌朝、細かな訂正を送ってくるので、エリンはそのいくつかを採用する。彼女は最終的な草稿に満足し、委員会のメンバーに感謝の念を伝える。

このグループにいる人々は、どちらの筋書きでも同じ反応を示した。しかし、片方は**論争によるサボタージュ**となってしまった。もう一方では、エリンがそれを見事に回避する方法を取ったのである。

論争を見きわめる

論争を好む人々は、必要かつ貴重なものを提供することができる。彼らは人々に考えることを要求し、もっと迫力のある言葉や案を考え出すように励まし、さらに質の高い製品を生み出す可能性を高める。場合によっては、財政問題や大失敗の可能性を回避することさえできる。彼らが意図しない**論争によるサボタージュ工作員**となるのは、何の抑制も受けずに、その場にいる人々をまったく目途の立たない不毛な編集作業に引きずり込んでしまうときだけなのだ。このような体験は、さもなければ熱心な姿勢でいた人々をしぼませる。そして、スケジュールを遅らせ、そこにいる皆と製品の完成を待っている人々を失望させ、憤慨させてしまう。

これが**論争によるサボタージュ工作員**を即刻見きわめなければならない理由である。主要な3つのタイプを検討していく。

守備の達人

最も一般的かつ熱心な論者は「守備の達人」である。この人物はあらゆること、つまり一語一句、メッセージ全体、口調などすべてに焦点を当てる。

誇りある猫が自分の縄張りすべてに印をつけるように、守備の達人は書類に、それがメールであろうが、議事録であろうが、そして報道発表、顧客への企画書にいたるまで、印をつけずにはいられない。大抵の場合、これはこれでよい。守備の達人は、以前よりも質の高い基準を設定する場合や、メッセージの質を点検する場合、構造上の弱点を指摘する場合などには、そのチームに貴重なサービスを提供することができる。

しかし、チームが賛同していないとき、あるいは次の議題に移ろうとしているのが明らかなときにも、その書類に関する観点を守備の達人が断念しようとしない場合に、彼らは**論争によるサボタージュ工作員**となる。守備の達人は次のように考える。「ここでもし、もう一度だけこの点について述べることができれば、あと1人だけ味方につけられるかもしれない。そうなればしめたもので、チームは私のやり方で行くだろう」。

（ところで、手許にある書類が作成されるにいたった経過にもともと反対である場合には、守備の達人は目的をもった意図的なサボタージュ工作員ともなり得る。その決定を翻すことができないからには、書類自体を攻撃するのである。）

言葉の細工師

言葉の細工師は、そもそも書類の明快さと文体の向上を目指していて、大抵の場合は、貴重な存在である。たとえば、米国連邦航空局のウェブサイトに載った、鳥類と航空機の衝突事故数を減らすことを目的とする計画についての文章を見てほしい。そこには「米国国内だけでも野生生物の攻撃によって年間300万ドル以上が失われている」とある。

この文章はいったい何を意味しているのか？　「野生生物の攻撃」とあるが、ただ鳥が衝突することだけを言っているのか？　その損失というのは航空機に対する損害なのか、それとも便の遅れや迂回によるものも含まれているのか？　言葉の細工師ならば、必ずや誤解の可能性を見つけ、もっと明快な文章を提案することだろう。実際のところ、その通りだったとみえて、この文章はもうウェブサイトには載っていない。

言葉の細工師は何食わぬ顔で1つか2つの文を書き換えることを提案してくる。「この部分の言い回しがちょっとまずいと思うんですがね。XをYにするか、AをBにしたらどうでしょう？」　しかし、この手の言い回しに関連する質問が、グループが決定を下して次の話題に移った後にも頻繁に続くときには、細工師が**論争によるサボタージュ工作員**になってしまったことを意味する。

ある組織の綱領を作成する際の、典型的な会議を思い浮かべてほしい。さまざまなアイデアが会議室を飛び回り、エネルギーと情熱に満ちて会は始まる。しかし、言葉の細工師が登場して綱領の言葉や言い回しについての長々とした議論が始まると、熱気はすべて消滅してしまう。「われわれは顧客にサービスを『提供』するのか、それとも顧客に『対応』するのか？」「それは『変革』なのか『進化』なのか？」等々。議論が長引くにつれてフラストレーションは高まり、言葉の細工師たちはその過程でいったい何の価値を提供しているのか、とグループのメンバーは考えてしまうのだ。

文法警察官

文法警察官は、一つひとつの文章について、あらゆる文法上の誤り、綴りや句読点の誤りを指摘する。一番初めの文章から始めてずっとそのまま続く。彼らの使うレンズにはコミュニケーションの内容に関連するものは映らない。彼らのコメントは文法上の誤りとされるものを責めることにのみ焦点を当てる。すべての文が、構文と言語の法則に対する自分の理解に沿って構築されていることに努力を傾ける。さらに彼らは文法上の誤りとみなすものを直すだけではなく、文法上のどのルールが破られたかを、そこにいる者すべてが理解するのを確かめたいのである。

文法警察官は次のように話す。

「最初の文にはコンマが必要ですね。リストの中では、andの前には必ずコンマが入るんです」
「第3段落の2番目の文では、『二重否定』を使っていますよ」
「3ページ目の最後の段落ですが、『家内と私は』ではなく、『家内と私に』でしょうね」
「3ページ目の第2段落の4行目ですが、分離不定詞になってますね」

疑いもなく、適切な文法と句読点は、効果的なコミュニケーションには重要な意味をもつ。質の高い校正は不可欠なものだ。実際のところ、自分の意味するところを真に理解し、堅実な実績のある文法警察官は、執筆者が恥をかくことから救ってくれる。

では、文法警察官はいったいいつ、**論争によるサボタージュ**を展開するのだろうか？ それは、最初の2～3の訂正の後に長々としたリストが続き、しかもそれは文法と句読点に関するもののみだ、ということが明らかになるときである。さらに、文法警察官の目にはあらゆる誤りが同じ重要さをもっているので、優先順位をつけたり、訂正を違う形で提案したりしようとはしない。しかも、彼らは皆が変更の理由を理解するまで確かめたい。しばらく経つと、参加者の目はどんよりと曇り、会議室の熱意はどこかへ行ってしまう。

これらの守備の達人、言葉の細工師、文法警察官は皆、私たちの職場で普通にみられる、**論争によるサボタージュ工作員**である。もちろんこの他にもいろいろいるだろう。実際、会議室に何人ものサボタージュ工作員が同時にいるのは珍しくない。私たちは何人かの言葉の細工師たちが書類やメモ、企画案の一行一行を練り上げ、磨きをかけるために行きつ戻りつするのを見ているのだ。

では、いったい何がより厄介なことなのだろうか？ これらの**論争によるサボタージュ工作員**を、多くの場合、私たちが助長しているということである。

5. Sabotage by Haggling
論争によるサボタージュ

「論争によるサボタージュ」を助長するな

大抵の場合、**論争によるサボタージュ**を助長するのは、フィードバックを求める者たちである。そこには2つの誤りがある。それは間違った質問をすること、そして終わりへの道筋を示せないことである。

間違った質問

フィードバックを要請するときに、多くの場合マネジャーは単に「何かフィードバックがありますか？」と聞いてしまう。この質問は短く良心的ではあるが、誰に対しても、ことに**論争によるサボタージュ工作員**に対しては、一般的でとりとめのない提案を論じるチャンスを与えてしまう。場合によっては、何か特定していたとしても、特に議論をする必要がない領域のことになってしまうこともある。

マーラの場合を例にあげよう。彼女は消費者向けの製品を扱う会社の営業部長で、新製品のキャンペーンに使うEメールに関する提案を求めている。会議で彼女は何気なく同僚に「顧客に向けた製品発売Eメールの草稿について、何かフィードバックがあるかしら？」と聞いてみた。マーラのしたことはオオカミの群れに肉片を投げたに等しい。フィードバックはあらゆる方角、あらゆる角度から猛烈な勢いでやってきた。

自他ともに認める文法警察官のジョンが、「動詞の時制がめちゃくちゃですよ。1つでも取り上げて検討してみてよ」と言う。

バリーは言葉の細工師で、5つばかり改良箇所をあげたが、そのすべてが文の後ろの節を最初に回すというものだった。

ジルは守備の達人で、実質的な言葉の入れ替えを提案したが、マーラはその一つひとつが意味を変えてしまうという理由で却下した。20分経っても、ジルはまだ強引に主張を続けるので、マーラは先に進むことを主張した。「ジル、今話しているのはメールの言い回しよ、アイデアそのものじゃないわ」とマーラがきつく言うと、ジルは憤然と退却した。

それでも他の連中は引き下がらず、1時間後にマーラは山のようなフィードバックを抱えて会議を中止することになる。たとえこのメールがメール受信者の20％を新製品発売キャンペーンに引きつけるとしても、チームの望んでいたフィードバックは得られなかったと感じるのだ。もしマーラがもっと焦点を絞った質問、たとえば「自分が受信者だと考えてみてね。このメールなら新製品に引きつけられるかしら？　その可能性を高めるためにどこをどう変えたらいいと思う？」と聞くことができれば、話はまったく違っていたはずだ。

終わりへの道筋がない

フィードバックに関する討論で意見の相違が出たとき、終わりへの明確な道筋が必要となる。大抵の場合、コミュニケーションを図るための草案に対して、グループからのフィードバックは2つの立場に分かれる。そこにいる人間の大多数が賛成する立場と、それに反対する立場である。最初のグループに属する者からのフィードバックは、合意を得るのが容易なために扱いやすい。次のグループに属する者からのフィードバックが「不毛な論争」を起こす。議論が長引くにつれて、合意に達することが不可能であることが明らかになり、フラストレーションが高まる。さらに悪いことには、最終的な決断がどう下されるかの明確な合意がない場合（これが終わらせるためのメカニズムだ）、会議室の緊張度はさらに高まってしまう。

ある大きな投資会社の戦略部長であるブレイクを例にあげよう。彼はこの組織の使命、展望、向こう3年間の戦略の優先順位を描き出す、最新の戦略マップを完成させなくてはならない。

ブレイクとチームは、30人ほどのシニア・エグゼクティブや他の利害関係者からの提案を受けて、戦略を練るための会議を重ねた。今、彼は30名の上級管理者の前に立っている。1週間後の役員会のため、彼はこのグループからの支援を獲得する必要がある。彼は次のように質問する。「この戦略マップに、変更すべきところがあるでしょうか？」

いくつかの手が挙げられた。ブレイクは丁寧にすべての提案を検討していく。それらはあまり重要ではなく、互いに一貫性のある指摘もある。ところが、本質的ではあるが矛盾する指摘もある。言葉の細工師と守備の達人がともに力を競い、ブレイクがいかに努力しても双方は合意に達することがない。

時計の針は刻一刻と進み、緊張が高まっていく。ブレイクは窮地に追い込まれる。なぜこれほどまでに論じたがるのだろうか、と彼はいぶかしく思う。最初から十分な提案の機会を提供したなのに、それでは足りなかったようだ。どうすれば合意に達して役員会の締め切りに間に合うのだろうか？　だいたい、それは可能なのか？

もちろん、ブレイクは役員会の1週間以上前にこの会議を召集すべきだったし、なぜ彼のチームが提案を集める過程での努力を十分払わなかったのか、という問題もある。しかし、真の課題は、終わりへの道筋がはっきりとついていなかったことにある。言い換えれば、グループの討議が膠着状態になったときに決断を下すのは誰か、ということだ。CEOか？　ブレイク自身か？　それとも投票をして多数決に持ち込むのか？　終わりが見えない中で論争が続き、結着をつけるための明らかな手段も理解されないままに、ブレイクやグループの人員にはその判断がつかなかった。

5. Sabotage by Haggling
論争によるサボタージュ

論争を終結させる

ひとたび**論争によるサボタージュ工作員**が活動していることがわかったら、きりのないあら探しがフラストレーションや恨みを募らせる前に、それを終結させることが大切だ。なぜならそれがあなた自身に矛先を向けてくるかもしれないからだ。ことにもし、ブレイクのようにあなたが草案をつくり、皆の前に立ってフィードバックを集め、一件を収拾しようとしている場合はなおさらである（たとえあなたが論争を激化させた張本人であったとしても、である）。以下に、進行中の**論争によるサボタージュ**を治める方法を2つ述べる。

敷居を高くする

誰かが、役に立つフィードバックにかこつけて、**論争によるサボタージュ**を始めようとしたときには、すぐ対話を中止し、そのフィードバックの主旨は何かを聞く。その時点で指摘された重要課題が、資料を検討するにあたって、参加者の消化不良の原因となっているからだ。

小売店チェーンの人事部長であるジェンは、会社の新方針を承認するための会議で、あら探しがその場の活力を吸い込んでしまい始めたときに、その通りにした。ジェンはグループに次のように伝えた。

皆さんのフィードバックは大歓迎ですが、この書類はそのレベルでの吟味が必要でしょうか？　対話の腰を折って申し訳ありませんが、草案に対する主要なフィードバックを3〜4点書き留めて、名前を記入し、私に渡していただけませんか？　ここで「主要な」というのは、この書類がこのまま外に出たら必ず後悔する、というような「どうしても」というものです。この文書にある言い回しで、「地雷」となる可能性があるものはどれでしょうか？

15分後、ジェンは参加者それぞれから1枚ずつ計8ページの、新方針に対する「必須」の変更を示す実質的なフィードバックを受け取った。次の3日間で、ジェンは提案を検討し、そのいくつかを盛り込み、質問を追加し、矛盾するフィードバックを受けた箇所を確認し、提案を組み込まなかった参加者には自ら出向いてその理由を説明した。ジェンは見事にその場を救ったのだ。

会話を再構成する

論争によるサボタージュ工作員に対処するもう1つの方法は、手に入れたいフィードバックに焦点を絞って、会話を再構成することである。この方法で議論を再構成することは、必要とする領域におけるフィードバックをグループから得るために効果的である。

ブライアンはある私立学校の開発主任だが、最新の資金集めに関して学校の理事会に出

5. Sabotage by Haggling
論争によるサボタージュ

す手紙の草案について、開発委員会のメンバーからフィードバックを必要としていた。手紙は向こう3年間で多数の施設改善のために必要な5万ドルの資金集めをする、というものだった。この金額は、学校の百年にわたる歴史の中で調達したことがない額であった。この運動では、電話やソーシャルメディア、一連の催し物なども含める予定だった。ブライアンとチームは、この企画に何時間も費やし、この手紙は運動に先駆けてその基調を決定するためのものである。

ブライアンは委員会の前で手紙を読み上げ始めた。すると、即座に論争が始まった。あるメンバーは手紙の冒頭の言い回しが気に入らなかった。次のメンバーがそれに反対した。3人目は最後の締めくくりをもっと力強くすべきだと考えた。このようにして30分が過ぎていった。ブライアンは室内の緊張が高まるのを感じた。そこで彼は、グループから本当に必要なものを手に入れるために、会話を再構成することに決め、次のように話した。

実に素晴らしいフィードバックで、それは皆書き留めておきました。さて残りの30分では、皆さんの注意を、運動全体の基調にかかわる手紙の口調に傾けていただけますか。あまりに挑戦的でしょうか？　それとも迫力が足りないでしょうか？　ちょうどいいでしょうか？これは学校にとっては多額の資金調達です。こんなことは以前にしたことがありません。ですからここで皆さんからのフィードバックをもらうのは、本当に貴重なことなんです。

途端に、会話の焦点が絞られ、ブライアンは必要とするフィードバックを受けることができた。手紙に使われた言い回しを引き締める必要性が出てきた。それはもともとブライアンが考えていたことだった。しかし、どの程度に挑戦的であるべきかについては、委員会の見解を聞く必要があったのだ。最初からそれを聞くべきだったと思ったが、少なくとも最後には会話をそこに絞っていくことができた。

論争を避ける

論争によるサボタージュに遭遇する可能性を最少のものとするには、手に入れたいフィードバックを視界に収めつつ、コミュニケーションのための文章を工夫し練り上げていく時間を取らなくてはならない。ここでさぼってはいけない。有能なマネジャーが草案を書くときには、聴衆や中心となるメッセージ、その構成を十分に考慮してカミソリのように鋭く集中する一方で、重要な関係者からのフィードバックを集める経過をつけ足しとして扱うのを私たちはよく目にする。

質の高いコミュニケーションは、他の人々からの提案を受け入れ、その過程で実質的な事柄について、積極的に議論を重ねてつくり上げる場を提供することで生まれる。しかし、適切な取り組みなしには、**論争によるサボタージュ工作員**が登場する可能性は大きい。フィードバックをどう吸い上げるかについて思慮深く計画し、それを実現する場を提供することで、**論争によるサボタージュ工作員**に対する免疫が生まれる。そのために検討すべきいくつかのステップを次に述べる。

当然ながら、すべてのコミュニケーションが平等とはいえない。4人だけで検討することが必要な場合もある。雇用者からの幅広い提案を受け入れる場合もあるだろう。法的なチームによって検討されるべき場合もあるだろう。必要に応じて、次のステップを調整してほしい。

計画を立てる

報道発表にせよ、重要な顧客への手紙にせよ、コミュニケーション文章を練り上げる前に、十分な計画を立てる時間を取ることが大切となる。その中では、コミュニケーション文章を書き上げ、校正し、承認にいたるプロセスを明確に決める。重要な段階はどこか？誰が関わるのか？　一人ひとりの役割と責任は何か？　資料の校正はどのような形式でするか？　時間枠はどうか？

計画は早めに利害関係者に渡し、質問や変更を組み込むことができるようにする。それが複雑なものである必要はなく、関係者が経過を理解し、その経過に沿って提案することができるよう、何が期待されているかを示すものでよい。

誰が関わるかを決める

コミュニケーション文章を書き上げる前に、誰がいつ介入すべきかを慎重に考えておく。場合によって、大きなグループからのフィードバックが必要なときもあり、ほんの数人からの提案が必要なだけのこともある。コミュニケーション文章の作成では、初期段階でさまざまなアイデアや創造的な案が必要なこともある。できるだけ多彩な案を集めたいのであれば、10人から20人ほどのグループがよいだろう。例をあげると、ある保険会社の営業部長は、会社のウェブサイトを刷新するために、組織全体からのフィードバックとアイデアを求めて、ある日20人に集まってもらった。机を囲んでの討議と小グループに分かれての討議で、ウェブサイトが対象とする利用者、主要なメッセージ、構成および内容について幅広い見解が出された。そこでは何の決定も下されなかったが、さまざまなアイデアが生まれたのだった。

もしすでにある程度先に進めており、覚え書きや企画案、あるいはウェブサイトの草案に対して提案がほしい場合、またはその先に進むにあたって検討したいオプションを探している場合には、6人から10人程度の比較的小さなグループが好ましい。会議室いっぱいに人を集めてしまうのは生産的とはいえない。これらの会議には利害関係者だけを誘うべきで、出席できるすべてのメンバーに声をかけてはいけない。

コミュニケーション文章をめぐる決断が必要なときには、主要な意思決定者のみに限るべきだ。会議の終わりにだけではなく、個々の箇所においても決定が必要かもしれないことを覚えておく。経験から言えば、その場の人数と意思決定の能力とは反比例の関係にある。そのため決定が必要とされるときには、グループの参加者は3人から6人に絞るようにしなくてはならない。

欲しいフィードバックを限定する

マーラの例で見たように、「どんなフィードバックがありますか?」という単純な質問は幅広い意見を誘い込んでしまい、自分の欲しいフィードバックが手に入れられるとは限らない。そこは守備の達人、文法警察官、そして言葉の細工師のような**論争によるサボタージュ工作員**が活躍する場となり、彼らが現れると貴重な時間が論争に潰されてしまう。境界線を決める。求めているフィードバックを明確にすると同時に、余計なフィードバックについても明確にする。コミュニケーションの特定の側面についての提案が欲しければ、それをはっきり伝える。フィードバックが欲しくない箇所があれば前もって取り除いておき、別の折りに個人的に尋ねるようにすればよいだろう。

フィードバックを必要とする資料を前もって配布する

フィードバックを集めることを目的とした会議に人々が出席するとき、着いたらその場で初めて書類を手渡されることが多く、それを数分で読み、どう思うかを尋ねられるのだ。これには2つの問題が生じる。第1に、それぞれがその書類を検討する時間が短いため、質の高いフィードバックは望めない。第2に、会議の後になって、会議中に提案すべきだった重要なフィードバックに気づく可能性はさらに高く、この場合にはそれが適切であろうとなかろうと、彼らは次の機会に自分たちの意見を述べようとするだろう。

この罠にはまらないようにするには、締め切り前に適切な準備期間を用意して、覚え書きや企画書の草案をそれぞれに配っておく。

あなたが配布したものについて議論するときには、参加者に「会議中、皆さんからのフィードバックを本資料に照らして討議する時間を取ります」とあらかじめ表紙にメモをつけておくとよい。さらに会議前にそれぞれがどのような点を考慮すべきか、またどのような形式でフィードバックを提供すべきかの明確な指示を書き添えておく。

これらの指示は簡潔なものでよい。たとえば、ある顧客は最近、重要な会議の1週間前に戦略文書を配布した。そして、参加者に次のポイントだけを検討してほしいと要請した。「ここに書かれている戦略通りにやれば、我が社が向こう3年間で2倍の規模に成長するゴールを達成できると思いますか？　質問や懸念事項を会議にもってきてください」。

5. Sabotage by Haggling
論争によるサボタージュ

また別のクライアントは、役員会に提出する草案に関して、一行ごとの綿密で詳細な点検を望んでいたので、5人のグループにその草案を送り、草案の口調、様式、文法について E メールで返答してほしいと頼んだ。3日でコメントを送ってほしいと頼み、締め切りの前日にリマインダーのメールを送った。

どちらの場合も参加者が資料を前もって受け取り、返答までに数日の猶予があったので、フィードバックの質も、会議をした場合にはその討論の質も高いものとなり、**論争によるサボタージュ工作員**の出現は食い止められたのだった。

信頼のおける批評家を探し出す

多数の聴衆にコミュニケーションのための文章を手渡す前に、信頼のおける数人を探し出す。資料をこの人々に査読してもらえば、そのことによってあなたは恥をかかずにすみ、同時に文法警察官を阻止できる。一番大切なことは、この人たちに読者の立場になってもらい、資料に何か不足していた場合には、腹蔵のないフィードバックを提供してもらうことである。

最終的な決断は誰のものかを明確にする

最終的に配布、発表、伝達されるものに対する決定権が誰にあるかということについて、完全に明確にする。新聞社で、第一面の編集者、特集ページの編集者、あるいは編集長というふうに、各部署に責任者を置くことにはれっきとした意味がある。責任転嫁がどこで止まるのかを明確にするためである。際限のない押し問答は、誰が最終決定権をもつかがはっきりしている場合には避けることができる。議論が起こり、相反する見解が提唱されても、究極のところは、一個人が承認する権限をもっているべきで、その人が誰なのかを皆が知っているべきである。

備えあれば憂いなし

あるとき、クライアントの1人が次のように述べた。「皆、マズローの欲求階層について知っているだろう。自己実現欲求、尊厳欲求、社会的欲求、安全欲求、それに生理的欲求ですよね。でも誰も第6の、隠れた欲求についてはふれていない。それは、他人の書いたものを書き直したいという欲求ですよ」。コミュニケーションをめぐっての押し問答はきわめて自然なものである。私たちはすでにそう刷り込まれている。残念ながら、私たちはそれをし過ぎるようにもなっている。**論争によるサボタージュ**が起こるのを見たとき、

5. Sabotage by Haggling
論争によるサボタージュ

サボタージュ工作員が参加者に不安や敵意を植えつける前に、それを阻止しなくてはならない。さらによいのは、それが起こること自体を避けるための手立てを取ることだ。

6.

Sabotage by Reopening Decisions

以前の会議での決議を再び持ち出すことによるサボタージュ

以前の会議で決議されたことを再び持ち出し、その妥当性をめぐる議論を再開せよ。

Prepared under direction of
The Director of Strategic Services

誰かが以前の会議での決議を再び持ち出そうとするとき、たぶん初めは、自分がサボタージュをされているとは考えないだろう。それはフラストレーションに近いものだ。「本当に？　またこれを繰り返したいの？　決着したと思っていたよ。また戻って、討議をやり直すんだったら、自分の目に針でも刺したほうがましだよ」。そう言いながらも、あきらめて、「わかったよ。そうするべきなんだろうね。重要なことかもしれないし」と言ったりするのだ。

問題は、多くの場合、その後の会話が頻繁に決議を再燃させることにつながり、そしてその理由が理にかなっていないように見えることだ。彼らの情熱と、たぶんあなたの自信のなさ、そして皆の時間の制約は、しばしばあなたの判断を鈍らせてしまう。そしてそれが頻繁に起こるのであれば、あなたは、短期的にも長期的にも影響を及ぼすサボタージュに直面しているのだ。これが、もともとのOSSのマニュアルに、以前の会議での**決議を再び持ち出すことによるサボタージュ**が載せられている理由であろう。「今、損害を与え、後に、もっと与えよ」のもつポテンシャルは非常に高い。

「決議を再び持ち出すことによるサボタージュ」の影響

以前の会議での決議を再び持ち出すことは、即時的に憤りと混乱を生じさせる。たとえば、決議が再び審議されることになり、元の決議を決めた人々がそのことを相談されてい

6. Sabotage by Reopening Decisions
以前の会議での決議を再び持ち出すことによるサボタージュ

ないとすれば、自分たちの背後で決議が却下されたことに不満をもつだろう。彼らは新しい決議を妨害（サボタージュ）しようとするかもしれない。それは、不注意によるものではなく、意図的で直接的なものになるだろう。

その上、もともとの決議や計画が何であったのかを基盤として動いていた人々には、（たぶん）異なる方向性に向かうことで、時間と焦点を見失うリスクが生じる。最初の方向性を基盤として何かするように言われた人々も、し始めていたことを止めたり、作業を後戻りしたりするので、制限を受けることになる。もしかしたら、すでに発注をすませ、クライアントまたはベンダーに接触し、他の計画を発動しているかもしれない。彼らはどのようにうまく撤回できるのだろうか？　それは、簡単なことではない。やり残しが生じ、しかも急速に増えていくのだ。

決議を再び持ち出すことは、麻痺状態にも結びつく。最初の決議に沿って行われるすべての活動（他の計画や議論すべき課題）は、再検討され水面下で方向性を変えようとしている間、中断しなければならない。もし他の担当者が「今日」決めなければならない課題を待っていたらどうなるだろうか？　誰かが「このことをもう一度考え直す必要があると思うんだよね」と言うと、多くの歩調が一気に乱れてしまうのだ。

たとえば、家を建てているとしよう。建設は順調に進んでいる。配管工事は終わり、電気工事もだいたいは終わっている。建設業者は、あと数日でキッチンにとりかかることができるだろう、と報告していた。2日後、あなたのパートナーが、キッチンから2階に上がる階段を流し台の反対側に置きたいと言い始めた。そのため、建設業者のところに行き、階段の位置を考え直してみたい、そのことを後で知らせる、と伝える。

そうすると、建設業者の段取りは頓挫することになる。業者は、あなた方が最終的な決断を下すまでキッチンにとりかかれない。業者は、位置変更による必要な資材を調整しなければならないので、階段の資材を供給するベンダーに注意をうながす必要がある。電気工事士も、壁を再び開ける必要がありそうなので、スタンバイしている必要がある。すべてのものが頓挫し、どっちつかずの状態で待っていることになる。階段を動かす決断さえすれば、その後の行程はスムーズに流れ、そしてコスト効率がよくなると思うだろうか？　果たしてそうか？

以前なされた決議を再び持ち出すことによる長期的な影響は、さらに恐ろしい。あなたの組織の誰かが頻繁に決議を再び持ち出し、そしてそうするのは簡単だとすると、他の者も後に続くであろう。結果的に、2つの望ましくない文化的習慣を手に入れることになる。1つ目は、最初から、たとえ小さな議題でさえ、確実な決議をすることに対して徐々に積極的ではなくなることである。すぐに却下されるものについて悩む必要があるだろうか？　2つ目は、ひとたび決議がなされてもそのうちどこかで止められ、反転され、異なる方向に進めと言われることに対する恐れ（あるいは、予測）から、実際に行動に移すまで再度考えるようになることである（さもなければ――特に決議に同意しない場合は――決議自体を無視するようになる）。

6 Sabotage by Reopening Decisions
以前の会議での決議を再び持ち出すことによるサボタージュ

教育委員会、市会議員、そして役場の従業員が何も行動を起こさないという評判を得てしまった町で、この現象を見つけたことがある。そこでは、プロジェクトを開始するための決議が変更される確率がたいへんに高いために、従業員がプロジェクトにとりかからないようになっていた。またこれは、大学に行くことや学校を卒業すること、あるいは新しい街への引っ越しや特定のキャリアの追求について考え直すなかで、何度も何度も同じ話を蒸し返すうち、不満や不確かさだけが募るというような、個人的なレベルにおいてもみられる現象である。

そのようにする必要はない。それなのに、私たちはいつも以前の会議での**決議を再び持ち出すことによるサボタージュ**の犠牲者になってしまう。当時のスパイ組織のたいへん賢いリーダーによって書かれた、もともとの「サボタージュ・マニュアル」を思い出してほしい。本書内の他のサボタージュの形式と同じように、このサボタージュも容易に認識できないのだ。なぜなら、多くの場合、決議を再び持ち出すことはよいことだからである。

再検討するか、そのまま進んで魚雷に突っ込むか?

そうなのだ。決議を考え直し、さらに進路を逆転させることは、常に悪いことではない。それは、健全な関係、あるいは発言することを恐れない労働環境を示している。そうすることは、目的、組織、あるいはチームに対して、何がベストかについて強い関心があることを示唆している。それが、ブランドとビジネスを救うこともある。

ペプシ社のトロピカーナ・ブランドをめぐる2009年の教訓を考えてみよう。ペプシ社は、新しいジュースのデザイン（グラスに入ったジュースの写真）におよそ3千万ドルを費やした。すぐさま売り上げは落ち込み、顧客は「ノーブランド」、あるいは「ディスカウントストアのブランド」のようなデザインに不満を漏らした。新しいデザインでの販売が始まってたった7週間後に、ペプシ社はそれを廃止し、以前のデザイン（オレンジにストローを突き刺したもの）に戻したのだ。ペプシ社の担当者にとって、その決議を再び持ち出し、その投資に別れのキスをすることはたいへん厳しいことだったであろう。しかし、それは正しい動きだったのだ。

決議を再び持ち出すことは、怪我を防ぎ、命を救うことさえできる。キャンプ大会で場所を提供することになっていたサマーキャンプ場で、その1日前に、稲妻によって飛び込み台が破損したことを考えてみよう。キャンプの管理責任者は、他のキャンプの責任者と一緒になって、このイベントを何か月にもわたって計画してきた。しかし、彼女は飛び込み台の損傷を見て、イベントのタイミングあるいは場所を再検討することを他の責任者に尋ねた。このキャンプ管理責任者は、以前の会議での**決議を再び持ち出すことによるサボタージュ工作員**なのだろうか？　もちろん違う。なぜならば、状況が変わり、異なる関連性のある事実が出てきたからである。

では、正当な「再考」とその逆との違いをどのように表現することができるだろうか？

6. Sabotage by Reopening Decisions
以前の会議での決議を再び持ち出すことによるサボタージュ

「やり直す」ことを求めている人が、決議を再び持ち出すことに関する正当と認められる理由をもっているかどうかを判断し、もしそうであれば、その理由と、最初の決議で事をすすめるリスクとを天秤にかける。なぜ決議を再び持ち出すことを求めるかの理由を認識できるかどうかに、トリックがある。決議再考の要求をする人の背後にある動機を理解することが、「こんちくちょう、魚雷だ。全速前進！」と叫ぶか、「わかった、考え直すことにしよう」と叫ぶかを決める根拠になるであろう。

決議を再び持ち出すこと求める、最も一般的な6つの理由を次に示す。

「不当な扱いを受けた」

人々は単に、最初から自分の方法で物事が進むべきだったと思い、決議を再び持ち出すことがある。以前の会議での**決議を再び持ち出すことによるサボタージュ**となるのは、どのようなときだろうか？　同じ道を引き返そうとする理由が、単に決議を持ち出そうとする人の負けず嫌いによるときである。このような人々が発言権を与えられると、以前のミーティングで行われたのと同じ議論をまた繰り返すだろう。たぶん、もっと大きな声で、哀れっぽく訴えるのだ。

最近、私立高校の12名からなる理事会で、この状況に遭遇した。以前のミーティングで理事会は、学校を別の場所に拡張するために800万ドルをつぎ込むことに関する投票をした。10名が賛成に票を投じ、2名が反対した。理事会は、過去の2回のミーティングでこの提案と物件を議論していた。投票の前には、不動産屋を呼び、学校が市場価格で購入することを確実なものとした。財政委員会は、学校が物件を購入し、改築、維持管理することができるかどうか、予算を分析していた。学校の法律家も、その取引を承認していた。理事の全員がその物件を下見し、質問する機会を十分に与えられていた。

その会議はオファーの状況についてのものになると思われていて、できれば、次の段階である改築プランについて話し合うことになっていた。しかし、会議が始まって10分ほどすると、反対に票を投じた2人の一方であるジェーンが、不意に言葉を挟んできた。「以前に私たちが議論したように、私はこの決議が組織にとってよくないものだと、本当に思うんです。私たちは別の方向に向かう必要があると思うわ」。ジェーンは、初回に負けたのが嫌だったのだ。しかし、詳細を求められると、以前と同じ議論を一字一句繰り返しただけだった。他の理事たちは同じ話を繰り返しながら、60分の間行きつ戻りつして、同じ結論に達した。つまり、方向は変えないということである。

「もともと私たちが購入しようとしていた建物がまた売りに出されているの」とか、「同じ地区で売りに出されている物件で、もっとよい形だし、私たちのニーズにより合っているのを知っているの」というように、ジェーンは新しい方向性を検討する際の、理にかなった主張の詳細を提供することもできた。しかし、それはなかったのだ。彼女はただ、自分の昔の議論を「再現」したに過ぎない。

6. Sabotage by Reopening Decisions
以前の会議での決議を再び持ち出すことによるサボタージュ

議長は、どのようにしたら彼女を途中で止めることができただろうか？　彼女が最初に異議を申し立てたときに、「ジェーン、何か新しい、関連のある情報を提示できますか？何か私たちがすでに知っているものではないものを？」と確認することができる。

これが、以前の会議での**決議を再び持ち出すことによるサボタージュ工作員**を、途中で止めるための最もよい方法であろう。「私たちが決議をした後で、何か変わったことがあるのでしょうか？　ないのであれば、逆戻りする理由はない」と表明することである。

「先入観にとらわれていた」（単に知らなかった）

特に、包括的に調査することが贅沢とされるような目まぐるしく動く産業、新規事業、あるいは小さなグループでは、ほとんどの決断は、申し分のない、完璧な情報を手にしないままに決断を下すことになる。時としてよい結果が出るが、そうはいかない場合もある。そのため、誰かが部屋に突然入り、「やめろ！　方向転換だ」と言うとき、私たちはこの人物が「完璧な決断」をするのに必要な情報をもっているかもしれないので、彼に注目すべきだと考えてしまいがちだ。

問題は、その人には私たちが知らない偏見があり、しかもその人自身もそれについて知らないことが多々あるということである。そのため、その状況認識が客観的とはいえないのである。

たとえば、あらゆる形態や規模の組織では、新しい成長のイニシアティブに資金を提供するために、既存の資源を割り振る方法を常に探している。その1つの方法は、組織が現在している何かを停止し、新しい成長分野にその資源を転用するというものである。何かを止めるという決断を下さなければならないとき、新しいプログラムを開発し、開始することに手慣れた人々が、まさしく「ジキル博士とハイド氏」のような変容を遂げるのを私たちは何度も見届けてきた。彼らは、決議を再び持ち出し、再度決断していくのである。支援を絶つ前に二度、三度、そして四度と、「待てよ！ XまたはYはどうなんだ？」と言うのである。

ここで何が起きているのだろうか？ ふだんは非常に有能な人が、なぜサボタージュ工作員に変身するのだろうか？ それぞれのプロジェクトや事業部門には、その仕事を強く信じている責任者がいて、その成功に感情的投資をしている。誰の目にも明らかなプログラムを停止しようとしても、その責任者はそれを手放すことができないのだ。停止の決定が下され、そのことに同意した後でも、その責任者は、都合の悪い情報を無視しながら、舞台裏で自分たちの立場を裏づけするための情報を求める。

意思決定において先入観を取り除くことは不可能だ。しかし、自分がもち得る影響に気づいているのは大切なこととなる。先入観をもつ人々は、決議を再び持ち出そうとするとき、他の者の感情に訴え、巻き込もうとすることが多い。そうでなければ、実際は違うのだが一見（彼らにとって）新しい関連する情報を提供しようとするか、そのどちらかであろう。

ここで、**無関係な問題によるサボタージュ**について学んだ教訓（第4章を参照のこと）に注意を向けるべきだろう。懸念事項は認めておき、ミーティングの最後またはその後で、それを後日検討するための駐車スペースにおいておくのである。「何をおっしゃっているのかわかりました。あなたはそのことについてたいへんな情熱をもっていらっしゃるのですね」と伝えることができる。こうすることによって、その人の意見は重要であると伝えることができる。ただ現時点では、グループがそれに焦点を当てることは助けとならないのだ。もし何かを駐車スペースに置いておくのであれば、それについてフォローするのを忘れてはいけない。できるだけ早くすべての懸念を聞き、その決議を再び持ち出すことが正しいことかを聞くべきだ。

6. Sabotage by Reopening Decisions
以前の会議での決議を再び持ち出すことによるサボタージュ

「急かされたんだ」

慌てて決定されたことを理由に決議を再び持ち出したいのは、グループ内に「構え、打て、狙え」という状況が起きるのを防ぎたいためだと人々は思いがちである。これは、よい振る舞いだろうか？　意思決定プロセスが手順を抜かしていることが明確である場合には、答えはイエスである。

しかし問題は、大きな決議、たとえば巨額のお金や、方向性に大変化を生み出すような決議について、決定を急かされたと考えることが、あまりにも簡単だということだ。自信がなかったり、自分が間違った判断をしたことが明らかになるのを恐れるせいもあるだろう。

40以上もの車両販売特約店を所有し経営している会社のCIO（最高情報責任者）であるジョッシュを考えてみよう。ジョッシュは、会社の供給チェーンをもっとよく管理するのに役立つソフトウエア・システムと契約をしようとしていた。これまでのものは不具合が多く、顧客にさまざまな遅れを出していたからである。この決定は、軽く百万ドルに値するものであった。ジョッシュとそのチームは、販売業者のそれぞれと何回にもわたってミーティングを行い、システムを吟味し、最終的に1つを選択した。相応の注意を払うことは容易ではなかったが、ジョッシュにはその決断に自信があった。

そして、契約書にサインする前日になって、直属の部下の1人であるサラが、競合する車両ビジネスの会社が別の販売業者と契約を結んだというニュースをもってきた。競合相手は手強い大会社で、経営者はやり手であった。サラは、急に自分たちのチームが行った調査に疑念をもち始めた。

ジョッシュは心配した。サラが疑いをもつのであれば、彼もそうするべきだろうか？まずい決定を下そうとしているのではないかという懸念から、緊急のミーティングを招集した。「もっと調査をする必要があるだろうか？」とチームに尋ねた。「サラは、私たちが焦ってこの決断に飛びついているように感じている。私もそのように思い始めているんだ。

6. Sabotage by Reopening Decisions 以前の会議での決議を再び持ち出すことによるサボタージュ

他の販売業者をもう少し時間をかけて評価しようじゃないか？」。

決議を再び持ち出した2か月後、依然として、販売業者と契約を結べないでいた。最初に選んだ2つの販売業者が、待ちきれずに興味を失い、その価格を上げたのだ。供給プロセスの問題は続いていたので、車が手に入らず、顧客は他社とビジネスをし始めていた。さらに重要なことには、うわさ話によると、競合相手が導入したシステムはあまりうまく稼働していないということであった。そのため、ジョッシュは誰かと契約する際のプレッシャーを感じていた。たとえどこから入手したとしても、十分な配慮をもって、新しいソフトウェアを導入する時間を取ることができそうにないのはわかっていた。彼のチームは壁に突き当たっていた。

サラは、無実の（自信のない）以前の会議での**決議を再び持ち出すことによるサボタージュ工作員**であったのだが、（サラが正しいという恐れを抱いていた）ジョッシュは、意図しない加担者となった。恐れと自信のなさは、強力な要因となる。運転席にこのような感情のいずれかがあり、誰かが「急かされたんだ」というカードを切るとき、事実に基づいた答えを要求する質問をするべきだ。「もし十分な時間があったとしよう。私たちがすでにしなかったことで、他に何ができるだろうか？」しっかりとした答えがない場合には、それはその方向にとどまるためのよい論拠ということになる。

「俺に訊かなかっただろ」

意思決定プロセスに参加していなかったという理由で、決議を再び持ち出そうとする者もいる。その決議に反対かもしれないし、反対でない場合もある。しかし、相談されなかったので、それが不満なのだ。意思決定を妨害するために、これではうまくいかないと主張する。そして、相談されれば決議は異なっていたとほのめかすのだ。

決議を再び持ち出そうとする人が、なぜ自分の提供するものや観点が、異なる決議に結びつくかについて、確固とした詳細を示すことができないのであれば、それは以前の会議での**決議を再び持ち出すことによるサボタージュ工作員**である。

多くの場合、そのようなサボタージュ工作員を見つけるのはさほど難しくない。彼らは、すべてを知っていると自分で思っているような人たちなのである。私たちは、自分たちの職務経験の中で多くの「知ったかぶり」に遭遇している。彼らは、自分が頼りになると信じている。そして、会話を独占し、他からの意見を退け、「俺のやり方に従うか、それが嫌なら出て行け」といったような態度を示す。

しかし場合によっては、彼らは会社の創業者であったり引退間際の非常に尊敬されている人だったりする。そして、(うまくいかないのだが)後継者にバトンタッチをして、身を引こうと考えている。たぶん、彼らは過去の意思決定者であり、今は脇役なのである。問題は、彼らが依然として舞台の上に上がっており、彼らが話すと話題をさらってしまうことにある。そして、たとえその権限はもっていなくとも、彼らが決議を再び持ち出すと、人々は聞いてしまうのだ。

この種のリスクを最小限にするためには、「協議時の多様性、指令時の統一性」と語ったペルシャのキュロス大王を見習うよう提案する。言い換えれば、意思決定する前に、十分な人々から十分な意見が得られるようにすることである。決議の前に意見を集めることは、わかりきったことのように見えるかもしれないが、マネジャーはこのステップをしばしば抜かしてしまう。決議を採択する前に、意思決定者は、反対しがちな者や一度可決されればそれを実行する者を含めて、幅の広い人々から助言を求めるのが賢明である。すべての人の話をよく聞くのは、意思決定の質を高める。しかし、一度決議がなされたのであれば、それで決定とすべきだろう。

その過程に誰かれ構わず含めることを提案しているのではない。意見の量自体がよりよい結論に結びつくわけではないことも知っている。しかし、その過程で相談する人が多ければ多いほど、その意思決定の支援は強くなるのである。決議が彼らの思い通りにならなかったとしても、自分たちの意見が考慮され、配慮されたと感じるであろう。

「前には言わなかったんだけど、今言うよ」

全員が決議に同意しているように見えるとき、部屋が静かであれば、それは警告として受け取るべきだ。グループの誰かがフィードバックを求められたときにはいつでも、その人が自分の思いを腹蔵なくストレートに提供することが期待されているものだ。そうなれば、素晴らしい。しかし、現実は次のようなことであろう。公開の場（たとえば、組織内の大きなスタッフミーティング、団体の一般会員ミーティング、コミュニティの集まりなど）では特に、そのようなことは起こるものではない。また、その決定事項が一か八かのものであるときは、特にそうである。

ミーティングの際に、異なる地位の従業員がフィードバックを求められて、若い人々が、年配の人たちや特に自分の上司がいる前で、異なる意見を言うことをためらうのを見てきた。その代わりに、いつもの顔ぶれが会話を支配し、自分たちの考えを述べるのだ。残りの者は、たとえ同意していなくとも、静かにしている。勝てない戦だと知っているので、ただ黙り、自分たちの意見の支持を取りつけるために、水面下のキャンペーンを遂行する決心がつくまで、待つこともある。事後に問題を起こしたいわけではないのだが、他に選択肢が見当たらないのである。その瞬間には自分たちの声をもっていないかのように感じるのだ。

これは、ともに意思決定をしようとしているグループに悲惨な結果を引き起こす。従業員が昨年の実績を元に評価されランクづけされる、いわゆる「評価調整（calibration session）」と呼ばれるもので、シニア・リーダーが主要な従業員を広範囲にわたって評価する場合を考えてみよう。ベインキャピタル社と経営上のパートナーであるアニー・ドラ

6. Sabotage by Reopening Decisions
以前の会議での決議を再び持ち出すことによるサボタージュ

ポーは、私たちに次のように語った。「人々の将来は、今、本当にどちらに転ぶかわからないのです。最も起こってほしくないことは、ミーティングで人々が本当のことを言わず、自分たちの意見を後のために控えてしまうことです」。

本当にそのようになってしまった場合を想像してほしい。人々が評価調整の席で、候補者に対する自分たちの印象を分かち合うことがないので、ある人物が、得られたわずかなコメントの強みを活かして昇進する。そして数週間後、意見を提供した（提供することになっていた）者の幾人かが、評価された人物についてのたいへん重要な懸念事項を伝えるのを差し控えていたことが明らかになる。たぶん、若手の従業員が、年配の従業員から出されたポジティヴな報告書を前にして、反対意見を述べるのは心苦しかったのかもしれない。そして今、彼らの意見が明るみに出てきた。しかし、職場ではすでにドミノ効果が生じてしまっている。昇進は行われた。新しく募集されるポジションは公示されている。インタビューと他の評価調整セッションが実施されている。ドラポーが述べているように、「逆戻りすることは、たとえそれが正しいとわかったとしても、本当に難しい」のだ。自分たちの意見を率直かつ直接的に伝えないことに関連するサボタージュ行為から、組織を効果的に予防するために利用してきた1つの手段は、次のようなグラウンドルールを設置することである。それは、「沈黙は同意を意味する」のを明確にすることである。このルールは、人々がどれほど渋って（あるいは受動攻撃的で）いても、または、目前の事案に自分たちの意見を反映させないというリスクがあったとしても、人々の口を開かせるためには効果的である。

どのようなものか説明しよう。事案に対する意思決定を見越して意見を求めるのであれば、他の人に意見を提供し、さまざまな視点について話し合うためのフォーラム、あるいはメカニズムを提供することだ。組織や決定事項の領域にもよるが、ミーティング、質問調査、電子的質問調査、そしてその他の意見や異なる視点（無記名または別の方法で）を得るための方法を適切に設計することを勧める。フィードバックを提供するようながされて、人々が意見を述べる前に、この「沈黙は同意を意味する」というグラウンドルールを伝える。表面に出てきている優勢な見解と異なる意見が聞こえない（場合によっては、見えない）場合には、すべてが同意しているとみなすことができる。そして、少数派の意見も汲み取ったという、明確な自信をもって事を進めることができる。

「同意したことはわかっているんだけど、ちょっと違ったことをしたいんだ」

最後に、たぶん、以前の会議での**決議を再び持ち出すことによるサボタージュ**の最も油断のならない、そして損害をもたらす形態は、意思決定者の作業が終わった後の、決断を実行に移す際に起こる。ノエル・ティッチィとデイヴィッド・ウルリッヒの言葉によれば、「CEO（多くのマネジャーも同様に）は、数千年前にモーゼが学んだ教訓を見落としがちである。すなわち、十戒を書き伝えることは容易であるが、それを実行に移すことはチャ

6. Sabotage by Reopening Decisions
以前の会議での決議を再び持ち出すことによるサボタージュ

レンジなのだ」[1]。

金融業務会社のマネジャーの経験を考えてみよう。彼は、意思決定をするグループのメンバーだったが、次のように語ってくれた。「会議で何に同意したのかは理解していたけれど、自分のチームに戻ってそれを伝えると、連中は追加できるよい考えをもっていたんだ。だから、グループで決定した同じ方向に向かっているけど、どう取り組むかについては、勝手に若干の変化をつけているんだ」。

彼とそのチームは、その実行段階で、実質的にこっそりと決議を再び持ち出しているのだ。事実、将来のどこかでバレるまで、彼のチームが決議を変えていることには誰も気づかないだろう。その間も他の者は、何が行われているかを理解しているつもりになって、そのまま進めているのだ。その波紋は甚大なものとなる。そして発見まで時間が経てば経つほど、もともと同意したことと実際に行われていることとの隔たりが大きくなっているだろう。

この種の状況に直面するのを避けるためには、最初に、決議をめぐるコミュニケーションプランをつくり上げることだ。何が決められ、それはなぜなのかについての混乱や誤解を避けるために、何を伝達するのか、どのような形式にするのか、誰に対してなのかを決める。次に、この決議を実行に移す際に誰が責任を負うかを確実に理解することである。それは意思決定の責任を担う者とは異なっている場合もある。そして最後に、決議が実行されていることをモニターし、それが意図したものと一致した方向に進んでいることを確実なものとするために、定期的なチェックポイントを導入する。

決議を再び持ち出すことを習慣化させない

決議に疑問が投げかけられている状況においては、その方向性にとどまることによる損失と利益、そして再検討することによる損失と利益を天秤にかける必要がある。特定の場合、特に新しい関連情報が入手できたときなど、再検討を始めるのは理にかなっているだろう。ところが、現実はこうなのだ。決議を再び持ち出すことがあまりにも容易であれば、組織内の人々は決議をするのをためらうようになる。もし決議が永続的で、最終的なものだとみなされないのであれば、それを実行に移すまで再度検討しなければならない。特に、最初にそれが「間違った決断」であると思った人々はそう感じる。慎重な検討の後に決定し、適切な人からの意見を集め、実行の進捗を追うためのチェックポイントを導入することができれば、個人的な計略に基づいて、**決議を再び持ち出すことによるサボタージュ工作員**を、自信をもって払いのけることができるだろう。

以前の会議での**決議を再び持ち出すことによるサボタージュ**を完全に防ぐことはできない。あなたにできることは、なぜこの種のサボタージュが生じるのかを理解し、その場で取り組むことに加えて、自分たちの意思決定プロセスを改善することである。そうすることによって、少なくとも、**決議を再び持ち出すことによるサボタージュ工作員**が通り抜け

6. Sabotage by Reopening Decisions
以前の会議での決議を再び持ち出すことによるサボタージュ

て入ってくるような、いくつかの窓を閉めることができるだろう。

7

Sabotage by Excessive Caution

過度な用心深さによるサボタージュ

「用心深く」するように主張せよ。「合理的」になれ。他の会議出席者にも「合理的」になるように要請せよ。後に恥をかいたり、問題となるような軽率さを避けなければならない、と。

Prepared under direction of
The Director of Strategic Services

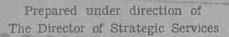

ミュージカル「努力しないで出世する方法」の一場面で、会社の郵便室で仕事をし始めたＪ・ピアポント・フィンチは、そこの年配の従業員トゥインブル氏（「ぼんくら」氏）と会話している。トゥインブル氏は会社からもらったメダルを彼に見せている。その会話を次に示す。

トゥインブル氏：先月、俺は四半世紀の男になったんだ。

Ｊ・ピアポント・フィンチ：おお、それはすごいね。四半世紀。

トゥインブル氏：四半世紀さ。

Ｊ・ピアポント・フィンチ：どのぐらいこの郵便室で働いているんだい？

トゥインブル氏：25年さ。このメダルはそんなに容易くはもらえないんだよ。技術、交渉術、大胆な注意深さのすべてを必要とするんだ。

郵便室における安定した仕事は別に悪いことはない。しかし、それはあなたが欲しているものではないだろう。あまりに多くの者が、トゥインブル氏のような際立った用心深さをもっているのではないか？　自分を自制するほどにまで、私たちは「注意深く」かつ「聞き分けよく」なっているのだろうか？

もしそうなら、私たちは、**過度な用心深さによるサボタージュ**を実行しているのかもしれないのだ。

7. Sabotage by Excessive Caution
過度な用心深さによるサボタージュ

注意深さは、奇妙なものである。大抵の場合、用心深く、注意深く、あるいは合理的であることは、堅実かつ利口なことである。軽率さを避け、何かに飛びつかないように他者を制することは、理にかなう。次のようなことわざを聞いたことがあるに違いない。「急いては事をし損じる」「慌てて結婚、ゆっくり後悔」「馬の前に荷車をつなぐな（本末転倒の意）」。これらはすべてうなずける。あなたがカッカとしているときに書いた、怒りのメールを「送信」したら、きっと後悔するだろう。物事の範囲を把握することなしに、同僚とプロジェクトに飛びつけば、自分の処理能力を超えた状況に陥ってしまうだろう。用心深さをかなぐり捨てれば、あっという間に多くのトラブルに巻き込まれていく。

ところが用心深くなり過ぎると、群れのしんがりについている自分を発見するかもしれない。過度に用心深く、あるいはためらい過ぎることは、立派な意図をもってのことであっても、自分自身や自分のグループに対するサボタージュとなるのである。「用心深さを発揮する」とき、人々やそのグループに何が起こるかを考えてみよう。

- 高校のバスケットボールチームが、ファールを犯さないよう過度に警告されている。選手たちは攻撃的にプレイする意欲を失い、結果として、試合に負け続けるだろう。ファールを犯すことへの心配は、得点することや相手に得点させないという目的から注意をそらしてしまう。そして、試合を楽しむことも忘れてしまうだろう。

- 人事部のスタッフは、組織の指導者が新しい町で自分たちの仕事を拡張するのに専念できるよう、日々の仕事から離れて十分に話し合う必要があると考えた。それを目的として、リトリートを計画することにした。ところが、その合宿が組織の他の人々から「排他的」とみられるのではないかと心配し始めたために、ほとんどの人が参加する、年2回の無意味な合宿をすることになってしまった。「理由」をつけ過ぎたことで、人事部の専門家たちは不必要な作業に時間とエネルギーを割くように強いられたのだ。
- 16年にわたってペンシルヴァニア州立大学の学長であったグレアム・スパニアーは、フットボールの副コーチであるジェリー・サンダスキーに対する幼児性的虐待の告発をめぐって、慎重な姿勢を主張し続けた。報道によれば、スパニアーはこのような告発が引き起こすであろう否定的な評判を恐れたのだ。サンダスキーが2011年に逮捕された4日後に、スパニアーは失脚したのである。1年後彼は、偽証、サンダスキーの不正行為を揉み消そうとする陰謀、そして、子どもを危険に晒したことを含む、8つの犯罪行為の罪で告発された。過度の用心深さは、断固とした行動が当然であるときに、「様子見」の態度が適切であるかのように思わせてしまうのだ。

とどのつまり、過度の用心深さや言い訳は組織の習慣となってしまうのだ。「喜びの後には悲しみが訪れる」とささやく、文化的なマントラ（訳注：無意識に何度も口にする信念）となるのだ。このマントラによって、どのように導入し奨励したとしても、人々はすべての案を災難の可能性を映すレンズを通して見るようになる。必要なときにも、素早い行動が取れなくなる。すべての人を遅らせるのだ。創造性を抹殺し、人々は何かをするのを怖がるようになってしまう。組織に蔓延する用心深いものの見方は、意図的に過度な用心深さを狙うサボタージュ工作員の望むところなのである。これがまさしく、OSSがもともとのマニュアルの中でこのサボタージュを戦術として入れた理由である。今日の作業グループの中で、**過度な用心深さによるサボタージュ**が意図的ではなかったとしても、それは今もなお続く悪夢なのである。

「過度な用心深さによるサボタージュ」を見抜く

用心深さがあなたの組織の努力を台なしにするのを止める、あるいは防ぐために、最初に、よき用心深さと、サボタージュへの一線を越えた用心深さを区別しなければならない。これは、「脅威」と「リスク」をどう区別するかについて学ぶことを意味する。脅威となるものは、常に存在している。しかし、その脅威が現実となるリスクはどれほど高いのだろうか？

この問いかけに答えるのに役立つ2つの方策を次に示す。偽装した**過度な用心深さによるサボタージュ**と思われる慎重さに直面したときには、事実を要求すること、そしてプロコン・リスト（メリット・デメリット比較表）を作成することである。

事実を要求する

過度な用心深さによるサボタージュは、闇に潜んでいる。事実は、それを照らし出す懐中電灯になる。そのため、「これは『構え、撃て、狙え』の状況に似ているね。私たちは合理的になる必要があるよ。少しじっくりと事を進める必要があるね」と誰かが言ったときには、なぜそのように思うのかを尋ねる。

もし事実が提供されない場合には、あなたは**過度な用心深さによるサボタージュ**に直面していることになる。人の用心深さは、状況を計測して評価したものではなく、感情的な反応を基盤としていることが多い。次のことを考えてみてほしい。ニューハンプシャーにキャンプに行きたいと思ったとしよう。そして誰かが、あなたが寝ている間に熊に殺されるかもしれないという可能性を提起する。あなたはどうするだろうか？　次のように自問自答してみてほしい。何が「脅威」なのだろうか？　それは熊である。その脅威は現実のものだろうか？　そうだ。しかし、リスクはどうだろう？　リスクは高いのか？　ニューハンプシャー狩猟局のホームページによると、ニューハンプシャーで人が黒熊に最後に殺されたのは1748年のことである。そして黒熊は、ニューハンプシャーに生息する唯一の種である。よって、リスクは低い。**過度な用心深さによるサボタージュ**が生じているかどうかあなたが判断するのを、事実が助けてくれる。

まあ、この方策は高度な科学ではない。まったくもってほど遠いものである。しかし、私たちの経験から見ると、十分に実践されているようでもない。

プロコン・リスト（メリット・デメリット比較表）を作成する

事実を要求すれば、1つか2つは手に入れることができるだろう。しかし、指をさして「余は弾劾す。サボタージュ工作員よ、消え失せろ」と言えるほどの「なるほど！」という思いをもつには不十分である（訳注：「余は弾劾す」とは、フランスの作家エミール＝ゾラが1898年にドレフュス事件で被告人ドレフュスを弁護するために、新聞「オーロール」に発表した投書のタイトル。ドレフュス事件とは、19世紀末にフランスで起きたスパイ冤罪事件）。あるいは、その警告が的を突いているのであれば、「なるほどいい指摘だね。もっと検討しようじゃないか」と言うことができる。たぶん、熊心配性の人は、ニューハンプシャーにおよそ5千頭の熊が生息していることを指摘しているのだろう。それは事実だ。熊心配性の人は、情報源として、ニューハンプシャー狩猟局を引用することができる。熊心配性の人は、脅威を認識した。しかし、それだけで十分であろうか？　そうではあるまい。

事実を手に入れたものの、それらがどれほどのものかがよくわからないときには、プロコン・リストをつくることだ。これによって、あなたが決断した行動の方向に進むことのメリットと気づいているデメリットを一緒に見ることができる。そして、潜在的なサボタージュ工作員が用心深さをもって、あなたを止めたり延期させたりするように仕向けているかどうかを見分けることができる。熊の例では、ニューハンプシャーの熊の数を知るだけでは不十分である。それはデータであり、強力なものだが、キャンプの安全性について何も物語っていない。他に必要となる事実は、どこに熊が集まるのか、熊がよく見かけられ、攻撃的になる季節はいつかというようなことだ。5千頭という数字は、熊の人間に対する習性に関して何を物語っているのだろうか？　何一つない。他のデータを探さなくてはならない。

その上で、それぞれの賛成意見を検討し、起こり得る可能性を定量化することに時間を使う。可能であれば、パーセントで表記する。最悪90％の確率で起きるのか？　50％の確率か？　それとも10％だろうか？

手にしたリストを元に、グループに、慎重に行動することが決定の実施やその成功度に影響を与えるかどうかも尋ねる。プロジェクトが減速することは、悪いことが起こるリスクを下げるのか、それともただ単に延期するだけなのだろうか？　注意深くあることは、機会を失うことにつながらないか？

用心深くあれというアドバイスをめぐるプロコン・リストは、あなたが展望を手に入れることに役立つだろう。どこから恐れがやって来ようとも、自分たちの心だけでなく頭で

7. Sabotage by Excessive Caution
過度な用心深さによるサボタージュ

も考えるようにグループを励ませばよいのだ。ここで強調するのは、警告を発信させるものは何かについての洞察を手に入れるための、デメリットのリストである。ここでのアドバイスは、最初の段階で決断を急かされたという理由で、決議を再び持ち出そうとしているとき（第6章を参照のこと）、事実を集めるようにと述べたことに似ている。これは、偶然の一致ではない。客観性の注入を求める「事実を収集する」アプローチは、さまざまな感情やプレッシャーを餌食にするあらゆる種類のサボタージュに対して、有効な対抗手段となる。

何かよくないことが起こる確率を算定するのが難しいときもある。パーセントで表すのが不可能なときもあるだろう。そのような場合には、別のアプローチを試してみよう。望ましくない結果のリスクを分類、あるいは色分けしてみるのだ。たとえば、高い－どちらともいえない－低い、または赤－黄－緑である。

リスクを評価するという難題に深く取り組むために、私たちはこの件に関する世界最高の専門家であるブレント・ワルダーと話をした。ブレントは、プルーデンシャル・リタイヤメントの首席保険計理人である。彼とその組織は、何百万に及ぶアメリカ人の退職基金管理に伴うリスクを評価し、定量化することに責任を負っている。彼は、これらの基金を守ることを委託されているが、それを増加させる責任も担っている。リスクを判断することが彼の仕事なのだ。彼の組織はリスクを定量化するために並外れて統制の取れた取り組みをしている。彼のアドバイスを次に示す。

成功とはどのようなものかを定義することによって、リスク評価を始めるように推奨している。リスクを把握し、正しい文脈でそれを評価するために、成功とは何かを知る必要がある。たしかにリスクを最小限にとどめておきたいだろう。しかし、リスクを最小限にすることが、成功の唯一の基準ではないことを覚えておく必要がある。また、あなたのリスクを分類することも助けになるだろう。競合するリスクについて話をしているのか？　資金源のリスクなのだろうか？　私たちが十分に理解しているリスクなのか、それともまったく未知のリスクなのか？　成功への過程のどこにこのリスクが入り込むのか？　こうすることによって、物事を秩序立ててとらえることができる。

たとえリスク専門家でも、事実を秩序立ててとらえるために考案された方法を必要とし、それを使い続けているということを理解すれば、あなたも安心するだろう。

「過度な用心深さによるサボタージュ」を強みに転じる

場合によっては、**過度な用心深さによるサボタージュ**に対応する最もよい方法は、それをサボタージュであるとせずに従うふりをすることである。このアプローチは、あなたがそのサボタージュ工作員を理解し、その人が不安や自信のなさゆえにしばしば過度に慎重になるのを知っている場合、最も効果的である。次のように考えてみよう。大きな重いボー

7. Sabotage by Excessive Caution
過度な用心深さによるサボタージュ

ルを捕まえようとしている人を思い描いてほしい。直立不動で立ち、ボールを捕まえようとしていれば、彼は跳ね飛ばされるかもしれない。しかし、後方で構えたり、足を少し曲げて待ち構えたりして、ボールの勢いに対して少しでも動きを見せるようであれば、転ぶことなくボールを捕まえることができる。大義を達成するために少し譲るようなタイプのアプローチについて、私たちは述べているのだ。**過度な用心深さによるサボタージュ**予備軍からの警戒の言葉を受け入れながらも、それには左右されないことである。

そうするためには、「イエス、アンド（そうだね、そして……）」と呼ばれる即興劇からの教訓を借りてくることができる。ティナ・フェイは、彼女の著書『小生意気』で次のように述べている。

> 即興劇をしていて、私が「動くな、（銃で）撃つぞ」と言うと、あなたは「銃なんて嘘だ。指だろう。指を突き刺しているんだろう」と言う。すると、私たちの即興劇が止まってしまう。ところが、私が「動くな、撃つぞ」と言ったとき、あなたが「俺がクリスマスにやった銃だろう。このばか者！」と言えば、私たちは私の指がクリスマスのおもちゃの銃であるという前提に同意したことになり、劇を続けることができる。

過度な用心深さによるサボタージュの文脈の中で「イエスアンド」話法は、相手が言っていることを認め、そこから動くことを意味する。本質的に、このアプローチは、**過度な**

用心深さによるサボタージュ工作員のふだんのお決まりの反応である「そうだね、でも……」（「イエスバット」話法）を反転させることになる。「そうだね、そして……」（「イエスアンド」）アプローチを取ることによって、多くの場合、自分が計画した方向を継続することができる。あなたは、心配そうな同僚が何を言っているのかを聞くことで安心させている。そして、その日の仕事に着手できるのである。時に、「イエスアンド」アプローチを利用することによって、サボタージュを未遂に終わらせるだけでなく、予期しない利益も手に入れることができる。

たとえば、あなたがスポーツ用品店を経営していて、商品にスタンドアップパドルボード（SUP）を追加することを検討しているとしよう。なぜならあなたの町には、夏季の貸し別荘がまわりにある、2つの大きな湖といくつかの池があるからだ。あなたのビジネスパートナーは次のような警告を発している。このスポーツの人気が高まっているのは明らかだが、リスクが大き過ぎるというのだ。このスポーツはまだこの地区には導入されていない。この投資が採算を取れないことを恐れているのだ。あなたはその詳細を聞き出して、商品にSUPを追加することをめぐるビジネスパートナーの反対意見から次のことを学んだ。それは、最も近い競争相手である同地区のマリーン用品店のオーナーが、過去にストックを抱え込んでみじめな結果に終わったということであった。

競合相手がSUPに挑戦し、販売に失敗したという事実はあなたのパートナー（根っからの心配性）を心配させたけれども、あなたは違ったふうに考えることができる。「そ

7 Sabotage by Excessive Caution
過度な用心深さによるサボタージュ

うだね、競合相手がＳＵＰを抱え込んで、売ることができなかったのは厄介なことだね。私たちは、その失敗から学ぶべきだろうね」。**過度な用心深さによるサボタージュ工作員**の心配に同意することで、その懸念を一新させることができる。あなたのパートナーの心配の元になっている、競合相手が失敗した原因を深く検討することで、競合相手が陥った同じ結末を避けることができるのだ。

夕食時には、あなたは15台のＳＵＰを購入しレンタルに出すことを決める。シーズンの終わりには、使用ずみのものを安く売ることにする。ＳＵＰレンタルの不利益を調査し、保障を確認した後で、計画を宣伝することで様子を見、夏のシーズンに向けての予約を開始した。悪くない数の予約を受けたところでＳＵＰを購入するのだ。

パートナーの不安に対応することによって、利益を上げる可能性のある案に対するサボタージュを止めるだけでなく、競合相手の経験から学ぶことによって、この考えを実行していくリスクを軽減することもできたのである。

「過度な用心深さによるサボタージュ」に対する予防接種を行う

ロブは、自社の化学者をさらに革新的にしようとリーダーが努力している大規模な化学薬品会社で、ワークショップをすることになった。最初彼は、その会社の組織文化が**過度**

な用心深さによるサボタージュに屈していることは知らなかった。プログラムを開始して30分後に、化学者の1人が手を挙げたとき、やっと気づいたのだった。その化学者は真顔でロブに語ったのである。「あなたが理解しているかどうか知りませんが、問題は私たちではないんです。時間をかけて証明されたイノベーションだけを、会社が要求しているのです」。

いったんこの組織が過度に慎重になりがちであることを理解すると、ロブはイノベーションを促進するために、化学者たちが何を創造できるかに興味をもたせ、共同作業を促進する以上のことをしなければならないのを理解した。ロブは、過度の用心深さを回避するために、組織全体をリセットするのに手を貸さなければならなかった。

ロブが化学者に説明し、その後に会社のリーダーチームにも説明したことは、**過度な用心深さによるサボタージュ**に対しての予防接種には、少なくとも2つのステップが必要となることだった。

最初に、（自分自身を含めて）人々の「デフォルト」の傾向を認識する能力と、それがグループにどのような影響を及ぼしているか（または及ぼしていたか）を理解する能力を発展させることだ。

バージニア大学の心理学者シャリ・スタインマンは、「不安にかられている人間の多くは、曖昧な情報を否定的に解釈する[◆2]」と指摘している。グループの上司やリーダーが心配症で、否定的あるいは悲観的に反応しがちであれば、いたるところで用心深さを振りまきがちに

7. Sabotage by Excessive Caution
過度な用心深さによるサボタージュ

なるので、まずその反応を予測することだ。その心配につながる事実を（角が立たぬように）探り出し、「イエスアンド」アプローチを使う準備をする。もしあなたが仕切っているのであれば、意思決定するのが誰であろうと、過度に用心深くなる傾向をもたないようにしなければならない。

もしあなたが仕切っているとして、生来の性向としてほとんどの状況で心配し慎重になるとしたらどうだろうか？　もしあなたが潜在的に**過度な用心深さによるサボタージュ工作員**となる可能性があり、そのことを理解しているのであれば、自分がグループを押しとどめないために必要な確認事項とバランスを組み込むべきだ。誰かもっと行動的で、過度に慎重にならない者を見つけ出す。そして、行動に移すことから後ずさりしている自分を見つけたり、「そうだね、でも……」（イエスバット）という言葉が自分の口から出ているときには中休みを取り、先ほどの信用できるアドバイザーを頼るのだ。あなたの考えを彼らに投げかけ、解決を求めるのではなく、あなたの反応がためらい過ぎか、あるいは否定的になり過ぎていないかを、その人物に判断してもらう。

過度な用心深さによるサボタージュに対する予防接種の第2ステップは、あなたや他の人の行動がグループ全体にどのような影響をもたらし、サボタージュの促進に変わるかを客観的に観察する方法を学ぶことである。子どもに水泳を教える場合を考えてみよう。偶然に、子どもが水の中に落ちたとしよう。あなたは叫び声をあげ、慌てて飛び込み、子どもの身体の一部か水着を掴んで引き上げ、タオルでくるみ、しっかりと抱きかかえてロッカールームに駆け込む。これでは子どもが水に対する自信を発展させることはないだろう。一方で、あなたも水に飛び込み、子どもを持ち上げるが外に出すのではなく、笑って「おいおい、そんなに急ぐなよ。ここは一緒にやろう。水に浮かぶのは凄くおもしろいことを教えてあげるよ」と言えば、水に対して健全な態度を身につけるようになるだろう。

組織やグループでこのようにすることは、否定的な潜在要素にではなく、課題や好機に関する肯定的な側面に人々が焦点を当てるトレーニングとなる。それは、自分の言語や行動を見つめ、他の人の否定的な言語に立ち向かうことを意味する。何を期待するかを設定する際に、否定的なことよりも肯定的な可能性を強調することを学習し、それを習慣化することを意味する。「あれをしてはいけない」と言う代わりに、「これをしてみよう」と言うのだ。または、「雨になるかな?」と聞くのではなく、「今日の天気はどうだろうか?」と聞くのだ。あなたが人にしてほしくないことに焦点を当てるのではなく(「いいか、ファールをするんじゃないぞ!」)、あなたが人に何をしてほしいかに焦点を当てるのだ(「君のすごいパスを使ってくれ。たくさん得点を入れようぜ」)。人がしている間違ったことに注目するのではなく、よいことに焦点を当てる。他の者もそうするように励まそう。よく言われる「物事は、見た目ほどよいことはめったにないし、悪いこともめったにない」ということわざから教訓を学ぶべきだろう。

過度な用心深さによるサボタージュに対してあなたの組織に免疫をもたせるためにできる別のステップは、「もしそうなったら」というシナリオを考慮することである。このステップは高くつくが、定期的に行えば、サボタージュにつながるこの種の不安感を和らげることができるだろう。それは、あなたやあなたのグループが、最悪の場合に何ができるか、ということを話し合う時間を取ることだ。このステップをくよくよと考えてはいけない(肯定的な側面を強調したいことを忘れるな)。しかし、もしあなたが「ええと、もし○○だとしたら、ここで私たちがすることは……」と言い出せば、人々は少しは心構えができるだろう。その中で、最悪の場合を防ぐための手段をあなたからいくつか提案してもよい。熊心配性の例を取り上げてみよう。熊に遭遇するという最悪の場合をめぐる議論では、脱出方法について話し合うことができるだろう。そして、ニューイングランドの森で熊に遭遇した場合、どのように対処するかについて少し調べてもいいだろう。その過程で、キャンプから遠く離れた場所の木に食料を吊り下げておくといった、そもそも最初から、熊と遭遇することをどう防ぐかについても議論することができる。

このために、あなたは貴重な時間を使ってしまっただろうか? それはそうだ。しかし、結果として安心につながるのであれば、時間を有意義に使ったことになるだろう。それは、保険に加入することに似ている。事前に安心を手に入れることはできるが、無料ではない。

最も個人的な戦術

過度な用心深さによるサボタージュは、本書内のすべての戦術のうちで、最も個人的なものかもしれない。それは、ほとんどの場合、人々がもつ不安を糧にしているからだ。さらに、本書の中で最もあからさまな形態のサボタージュであろう。つまりこういうことだ。OSSによって述べられたサボタージュの形態の多くは、遅延をもたらす。しかし、「急ぐのを避けよう」ということは、まったくもって「ゆっくりいこう」というのと基本的に同じである。この種のサボタージュを防ぐのはたいへん厄介である。複数の前線からの攻撃が必要となる。長きにわたって戦いを継続していくのは、本当に困難なことである。ブレント・ワルダーが述べたように、「肝に銘じておけ。用心深いアドバイスを聞き入れるほうが容易いのだ。過度に用心深くなることのほうが、前進することよりも、人間にとっては簡単なんだよ」。

ここでのよいニュースは、グループの中でバランスの取れた視点がたびたび優先されれば、最終的には**過度な用心深さによるサボタージュ**に強く抵抗する文化が発展していくことである。イノベーションが時の試練に耐えて継続するような環境をつくることさえできるかもしれないのである。

8章

Sabotage by Is-It-Really-Our-Call?

「それはわれわれの仕事か？」によるサボタージュ

あらゆる決断に対する
妥当性について懸念を示せ。
計画された行動はその
グループの権限内にあるのか、
それが上層部の方針と矛盾して
いないかの懸念を投げかけろ。

Prepared under direction of
The Director of Strategic Services

決断を下すことは組織の営みそのものだ。組織の成功や挫折、機会をとらえる能力の有無など、それらすべては、組織内の誰かが決断したこと、あるいは決断できなかったことの直接的な結果である。ところが、その重要性にもかかわらず、しばしば決断に行き詰まったり、必要以上に時間がかかったりして、結局その組織は潜在能力のすべてを発揮することができない。

決断するのを行き詰まらせる最良の方法は、決定権をもつ者に疑いの種を植えつけることだ。ここで判断する権限があるのだろうか？　自分たちの境界を越えてしまっているのではなかろうか？　まずいことになるのではないだろうか？

ＯＳＳはこれがわかっていた。戦時下の状況にストレスを募らせている敵側の人員に軽度の不安を植えつけることで、敵側の組織が効率的な判断をする能力に影響を及ぼすことを知っていたのだ。それこそが、「サボタージュ・マニュアル」における最後のサボタージュ戦術として、決断を下す人間の権限の一つひとつに連合軍側の者が疑問を呈することを奨励している理由なのである。敵側を最も深く傷つけることのできる箇所、すなわちその意思決定のプロセスを攻撃するのである。

私たちのグループの中にいる、うっかりした**「それはわれわれの仕事か？」によるサボタージュ**には、そのような意図はない。彼らは、グループが効果的な意思決定をする力を弱らせたいなどとは思ってもいない。ただ、そうせずにいられないだけなのだ。誰かが「この決定はわれわれの仕事の範囲ですかね？」とか、「誰かの（特に上司の）感情を損ねた

8. Sabotage by Is-It-Really-Our-Call?
「それはわれわれの仕事か？」によるサボタージュ

りしないように、確認すべきじゃないでしょうか？」などと言って、同僚の心に疑念を植えつけ、決定を引き延ばすような場合はいつも、あなたの組織の存続に重大な脅威を投げかけている。きっとあなたはその脅威に気づいていないだろう。

本書の中に述べられているその他のサボタージュと同様に、決断することをめぐって、「それはわれわれの仕事か？」を真剣に考慮することに同僚の注意を向けるのは、適切な行動である。意思決定に関与するすべての人間の役割が明確で、誰かがその境界線を（故意であろうとなかろうと）越えようとしている場合には、声をあげるのは正当なことだ。

しかし、グループが意思決定をする権限を問いただす根拠が、自信のなさや組織的な曖昧さ、すなわち何について決断するのか、あるいはその決断の責任は誰にあるのか、というような曖昧さからもたらされている場合には、それはサボタージュに近いものとなる。このようなとき、うっかりした**「それはわれわれの仕事か？」によるサボタージュ**は、そのグループのプロセスの弱みを克服しようとするのではなく、それを煽っているのだ。**「それはわれわれの仕事か？」によるサボタージュ**は、最終的な決断への道筋が明確ではないので、誰に決定権があるかについての対立を永続化させてしまう。

この種のサボタージュが起こるのを止める鍵は、その根を理解することにある。この陰湿なサボタージュの最も一般的な原因とその対応法について、４項をあげて説明する。

自信の欠如

グループが意思決定をするにあたって、誰かがその権限に疑問を呈する理由は、多くの場合、自分自身あるいはグループに対する自信の欠如であることが多い。決断を下す能力があるかどうかに自信がないために、これらのサボタージュ工作員は、グループの権限に疑問を呈することで意思決定のプロセスを中断し、そのことで組織の生産性に悪影響を及ぼす。

この自信の欠如の原因は、大きく3種類に分けられる。

- ことさら慎重に事を進めようとする傾向がある。そして、決断をめぐって「最悪のシナリオ」について心配し、否定的な結果が出たときに責任を取らされるのを恐れるので、上からのゴーサインなしに先に進めるのはよろしくないのでは、と言い出す（**過度な用心深さによるサボタージュ工作員**の動機の根底にある恐怖感については、第7章を参照のこと）。
- 自分自身、あるいはチームをほとんど信頼していない。彼らは臆病で、自分の専門性を疑っている。つまり、必要な決定を下すに十分な知識があることを信じていない。あるいは、たとえ自らの経験や能力には自信がある場合でも、チームのメンバーに同等の力があることや、最終決定に関する彼らの影響力を信頼することができない。また、権限が誤った人物に与えられてしまい、それはもっと実力のある者に与えられるべきだと心配なのかもしれない。

・過去において、上の者に決定責任を仰ぐことなく意思決定を行ったために叱責されたことがあり、そのようなことを再び繰り返したくないと思っている。ことわざ通りになます（膾）のような冷たい料理も吹いて冷ますようになるということ）。このような人々は、サボタージュ工作員になるように条件づけされている。すなわち、自分やグループに独立した意思決定をする権限があるかどうか、問いたださずにはいられない。

「羹《あつもの》に懲《こ》りて膾《なます》を吹《ふ》く」のである（訳注：熱い吸い物（羹）で口をやけどしてしまい、

8. Sabotage by Is-It-Really-Our-Call?
「それはわれわれの仕事か？」によるサボタージュ

「それはわれわれの仕事か？」によるサボタージュ工作員が、グループの意思決定をする権限について疑問を投げかけ、それが自信の欠如から来ている場合、最良の方法はそれを事前に防止することだ。たとえあなたがグループを統率していない場合でも、ここで若干のリーダーシップを発揮するのは、やりがいのあることだろう。グループの誰かが「これは本当にこのグループが決めることでしょうか？」と言い出したら、その人物をしっかりと見据えて次のように言うのだ。「まったくその通りだよ。こうしろ、と言われたのだから、それをやるまでのことさ。だから先に進もうじゃないか。やろうと思って始めたことを達成しかけているのだから、コースから外れるのはやめよう」。

あなたがグループの統率者か、グループに決定を委任したマネジャーであるなら、その人物の自信の欠如の源を探索し、それと取り組むことによって、将来的な**「それはわれわれの仕事か？」によるサボタージュ**を阻止することができるだろう。

もし、過度に慎重な人物に対処している場合には、どう対応するかについては第7章に戻り、そのヒントを参考にしてほしい。意思決定をするにあたって自分の能力や専門性を疑っている人物に対処する場合には、一対一の場で、本人が独自に判断や決定を下すための自信をもつことができるように取り組ませる必要があるかもしれない。

誰かが他のメンバーの専門性や経験を信頼していない場合には、その懸念に根拠があるか否かを確かめる必要があるだろう。それが事実だとすれば、グループのスキルレベルを上げるべく努める必要がある。もしその懸念に根拠がない場合には、チーム内の信頼度を高めるために時間を取るとよいだろう。

最後に、もしサボタージュ工作員が過去に叱責を受け、その経験が意図的ではない**「それはわれわれの仕事か？」によるサボタージュ**をさせている場合、その人物に実際に何が起こったのかを理解し、その体験の重さを認めた上で、現在の状況がいかに異なるかを説明する必要があるだろう。

8. Sabotage by Is-It-Really-Our-Call?
「それはわれわれの仕事か？」によるサボタージュ

下されるべき決断の意味が曖昧なとき

驚くべきことだが私たちは今までに何回も、下されるべき決断や同意すべき事項が明確に設定されないままに、チームが構成され資源が投入され、意思決定しようとしているのを見てきた。もしあなたと同僚がテーブルを囲み、チームが決めるべきことは何かを押し問答しているとすれば、それは要注意だ。このような状況下では、**「それはわれわれの仕事か？」によるサボタージュ工作員**が、チームには決断をする権利があるのか、と聞いてくるだろう。そしてこの場合、答えを出すのは難しい。なぜなら、答えは決断そのものがどう定義されるかにかかっているからだ。

ある高級ボート製造会社が、市場で競争相手に遅れを取っているとしよう。ボート製造のコストを下げるための手立てを考案する作業に直面しているにもかかわらず、各部署からの経営責任者で構成されるチームは、長々と議論ばかりの会議を続けていた。ことに、営業のビルと製品開発のロリは、どちらが会議をリードすべきかで譲らなかった。どちらも自分の権限に自信がなく、間違ったことをしたくなかったので、お互いに責任をなすりつけ合ったのだ。ビルは同じこと繰り返した。「これは私の部署の使命ではないと思います。そちらの予算を明確に決めてから、われわれがどう動けばよいのか伝えてください。そちらがやりたいことはすべて、すごくコストがかかるんですから」。これに対してロリは次のような対応を繰り返した。「そちらが我が社の基本路線が何であるかを言ってくれなければ、われわれは予算を出せません。今の我が社の状況では、それは営業の問題ですよ。調査結果があるでしょう、いや、あるべきですよ」。

社長に支援を求めるに至るまで、チームは一向に前進しなかった。会議室に集まった腹を立てた面々を前に、社長は、決定すべき事項を細かくくだいて、それらを明確にしなくてはいけないことを理解した。まず最初に、社長は同じチームで何の決定も前提とせずに、ブレインストーミングのセッションを行うことにした。そこでは、顧客にとって最も望ましいボートの特徴は何か、新製品の特徴は何か、そしてコストを下げるための方法は何かについて話し合いを行った。その会議で何かを決定する責任は誰にもなかった。

その後に、CFO（最高財務責任者）、営業部長、製品開発部長と相談し、ボートの目標価格を決定した。それから製品開発部門に、ボートのコスト削減につながるような特徴にはどのようなものがあるかをあげるように頼んだ。そして、営業部長であるビルに、営業部門の人々を巻き込んで、顧客が望んでいて、かつ競争相手が現在提供しているようなボートの特徴はどのようなものかのリストを作成するように依頼した。最後にその決定は社長の元で承認されることになった。

ここでの教訓は次の通りであろう。決断するべきものの一つひとつを明確に定義する。検討中の決議案を、それに関わる人々に照らし合わせて、評価する。その後に、チーム憲章、つまりチームが検討しなければならない課題と、チームがするべき意思決定の正確な記述を作成する。それができたところで、マネジャーかチームを率いる人物に承認しても

8. Sabotage by Is-It-Really-Our-Call?
「それはわれわれの仕事か？」によるサボタージュ

らう。このようにして出来上がったチーム憲章を、チームのメンバーにことあるごとに思い出してもらおう。あなたがグループの責任者なら、話し合いのたびにそれを参照することができる。たとえば、私たちの知っている学校の理事会では、月例会の折りに、その会で何を決定すべきか、各委員会で何を検討すべきか、決定をする際に誰の意見が必要か、すべての決定に次いでどのようなプロセスが導入されるべきか、という目的を明確化して開始することにしている。

あなたがグループの責任者ではなくとも、どのような決定が必要とされているかが曖昧な場合には声をあげることだ。グループ内で話し合うか、最初にその作業をグループに割り当てた人物に尋ねて明確にする。

伝えられるところによれば、アルバート・アインシュタインは、全世界を救うために1時間しか残っていないとすれば、最初の55分をその問題を定義するために使い、残りの5分を解決のために使う、と語った。あなたのチームが決定すべき事項は何かを明確に理解し、それを正しく表現するために十分な時間をかけることである。

担当者が誰かわからない

グループが意思決定の作業に直面しているとき、誰が何をするのか、すなわち誰が提案し、協議し、最終的な決断をするのか、が曖昧なままであると、**「それはわれわれの仕事か？」**

によるサボタージュ工作員が意思決定のプロセスを完全に停止させてしまう可能性が大きくなる。

ボート製造会社を救おうとしたさまざまな人々の間にあった、もともとの緊張を思い出してほしい。このグループにいなかったのは、問題の優先順位を決めることのできるリーダーだった。チームのメンバーが会社の社長に支援を求めて、社長が意思決定の過程を再構成するまで、ロリとビルはグループの決定に対して交互に反対し、妨害していた。それはどこまでも続く可能性があったのだ。

第3章ではRACIの意思決定モデルを使って、特定のプロジェクトや意思決定をするために結成された委員会やグループのメンバーの役割を、どのようにして明確化するかを検討した。それを実行し、さらに誰が最初から関与すべきかを決定する際の、もう1つの効果的な手段は「決定権の枠組み」である。◆[1] この枠組みは、次に述べる「決定権」をどの個人に割り当てるべきかの後押しをしてくれる。

・決断を下す前に提案する権限

この権限は、データ、分析、あるいは推薦など、意思決定の過程における重要な情報を提供できる人物に配分される（ボート製造会社の例をとると、製造部門は営業部門に、ボートの仕様一覧表という形で重要な情報を提供し、その結果営業部門は価格を引き下げるために何が含まれるべきかを決めることができた）。

8. Sabotage by Is-It-Really-Our-Call?
「それはわれわれの仕事か？」によるサボタージュ

- **提供された状況を考慮した上で意思決定する権限**

この権限は明確な説明責任を保証するために、ただ1人の人物に配分される（ボート会社の場合、営業部長であるビルに決断が委ねられる）。

- **決定を承認、または拒否する権限**

明らかに、この権限は決断する責任を委ねられた人物に与えられる（ボート会社の社長）。

- **決定された事項の通告を受け取る権限**

この権限は、最終的な決定が何であるかを知る必要のある者に与えられる。なぜならそれは彼らが自分の仕事をし、さらに他の決定をする能力に影響を与えるからである（ボート会社の製造開発チームはどの仕様が基準として選択されたかを知り、それに沿って仕様のパッケージを開発しなければならない）。

「それはわれわれの仕事か？」によるサボタージュを阻止するために明確に線引きをしなくてはならない役割は、意思決定する権限を委ねられた者と、それを承認、あるいは拒否する権限をもつ者の両者だろう。

マネジャーは、詳細な情報を得た上で判断し、同時にそれを執行する者に対して、意思決定する権限を委任するよう訓練を受けている。言い換えれば、彼らは決定を委任する立場にある。いったん決定が委任されればその決定の責任は引き渡されるが、マネジャーは情報のループの中に残って、仲裁したり最終的な勧告をする権限を保持するので、決定を承認あるいは拒否する権限を維持する。彼らが決定に対する責任を完全に放棄することはまずない。つまり、決定する権限を譲り渡しつつもそのプロセスから退くことはないのだ。決定権は委任されるのであって、放棄されるのではない。

ここで問題となるのは、マネジャーが決定する権限を完全に誰かに引き渡すこと、つまり決定の責任を放棄するようなことを、時々不用意に口にしたり暗示してしまうことである。実際に彼が委任するのは、最終的な決断に関する筋道の通った提言に到達すべくグループに任せることであって、その後にマネジャーがそれを承認するのである。言い換えれば、それは決断に対する責任を委任しているということだ。

例をあげて話そう。ルイは高級品の電子商取引会社の社長だが、直接の部下の1人であるイライザに中国での営業活動をめぐって、受注から入金管理にわたる一連の戦略が必要であることを伝えた。「チームを立ち上げて、何をすべきかの最終的な決断をしてくれたまえ」とルイはイライザに伝える。しかしここでルイは、イライザのチームに、社がどのような決定をすべきかの提案を求めているのだろうか、それとも最終的な決断をしてそれを実行に移すことを求めているのだろうか？　誰もそれを聞かなかったし、はっきりさせようとはしなかった。

8. Sabotage by Is-It-Really-Our-Call?
「それはわれわれの仕事か？」によるサボタージュ

イライザはチームを立ち上げ、数週間にわたってデータを集め、討議を重ね、決断するときが近づいている。しかし、チームの一員で、チームが採用しそうな戦略には乗り気ではないダイアンは、ルイにメールを送って、チームが採用しそうな案に対して不満を述べ、代案を提出してしまう。ルイはダイアンの案に賛成し、イライザとチームに対してこの新案を検討し、実施するようにと指示を出す。

ここでルイは、ケン・ブランチャードがその著者『リーダーシップと一分間マネジャー』で描いた「カモメのようなマネジャー」になってしまったのだ。彼は突然飛び込んできて、騒音をまき散らし、全員をけなしてまた飛び去ってしまった。イライザのチームは、何週間も仕事をしたにもかかわらず、疎外され、どうせ最後には自分が決めるつもりだったのならなぜルイは自分たちに決定権を渡したのだろうと不思議に思うだけだった。実際には、ルイは決定権を渡したのではけっしてなく、彼が安心して実施できるような、慎重に練り上げられた提案を出すという責任を委任したのだった。彼は決定についての最終的な決断は自分がすることにしており、この場合はダイアンの案となったが、その機会が来たのですぐに決断を下したのだ。

委任する決定権について、マネジャーが的確に伝えることができないとき、ダイアンが暗黙裡にイライザの裏をかいたように、**「それはわれわれの仕事か？」によるサボタージュ工作員**はチームがその権限をもっているかどうかを問いただすのだ。

もしマネジャーがあなたに「決めてくれ」と言ったら、それはどういう意味かを時間をかけて問いただす必要がある。マネジャーが頼んでいるのは提案だろうか？　あるいは、本当に提案を決め、それを承認する権限も任せようとしているのだろうか？　決定までの過程で、提案や指示を出したい場合には、どのような形でその過程に参加したいか、マネジャーに尋ねるとよい。

意思決定をする過程に参加するすべての者の役割を、明確に定義するための枠組みが何であるかにかかわらず、すべての参加者にその役割を頻繁に再確認してもらうようにする。私たちのある顧客は、いつも意思決定の会議の前に、そこにおける自分の役割は何かについて参加者それぞれに尋ねることにしている。決定に関する役割が明らかで、揺るぎのないものであればあるほど、**「それはわれわれの仕事か？」によるサボタージュ工作員**が、権限について疑問を投げかけてくる危険度は低くなる。もしそうしてきたとしても、そこには明らかな答えがあるのだ。

グループの決定をすぐに覆してくるマネジャー

理想的な状況としては、いったんマネジャーが決定を委任し、それに取り組む全員の役割を明確にした後では、マネジャーはその情報網には含まれても意思決定の過程には干渉しないことが望ましい。必要に応じてアドバイスはしても、最終的に承認あるいは否認することのできる決議をグループが出してくるのを待つべきだ。

8. Sabotage by Is-It-Really-Our-Call?
「それはわれわれの仕事か？」によるサボタージュ

ところが現実には、そのようなケースばかりではない。多くの場合、対立の気配がほんの少しみられただけで、マネジャーが介入してくる。そして**「それはわれわれの仕事か？」によるサボタージュ工作員**は、この経営上の弱点を利用してくる。意思決定の過程に不満を抱いたり、チームが進む方向に失望したりすると、このサボタージュ工作員は、ダイアンがしたように、グループの裏をかいてその決定権に疑問を投げかけ、直接マネジャーに懸念を表明したりする。サボタージュ工作員の懸念に過剰反応してマネジャーが意思決定の過程に口を挟み、検討中のグループの作業を混乱させ、決議を頓挫させてしまう。

まるで母親にダメと言われた後で子どもが父親に訴えるように、現存の意思決定者を頭ごなしに迂回して、決議をサボタージュするのは最も陰湿なものである。不満をもつチームメンバーの要請を聞いてマネジャーが介入すると、進行中の意思決定の過程やそれを実行するべく委任された人々を弱体化してしまう。

グループメンバーは疎外感や敗北感を味わうだろう。もし上司がたった1人の不満分子の言いぐさのために介入してきて、決定を覆すとしたら、慎重に協議し決定することに何の意味があるだろうか？　マネジャーが別の決議をするように依頼してきたら、メンバーたちは労力をつぎ込むことに疑問をもつようになるだろう。

そのため、もしグループに決定を委任した後に、あなたに直接不満を述べることでうまく立ち回ろうとする**「それはわれわれの仕事か？」によるサボタージュ工作員**が近づいてきたときには、さまざまな質問はしても、その論争に割り込むことはしないほうがよい。

サボタージュ工作員の言い分を聞き、介入するに正当な理由があるかどうかを判断する。

介入するか否かを決めるとき、すべての決定が同価値ではないことを覚えておく。私たちの経験からすると、組織の成功は、その組織の下す決定の20％程度の結果で左右される。この決定的な20％にエネルギーを費やすべきであろう。これらの重大な決定を2つの領域に分けてみると、最も重要な決断の際、何に努力を集中し、取り組むべきかがわかってくる。ある程度優先順位が明確でないと、あらゆる決定が同価値のものとされてしまい、重大な決議がそれにふさわしい配慮をもって取り扱われなくなってしまう。

第1の領域は、最大の価値を伴う決定である。この大半は経営戦略に関連するもので、ほとんどの場合、一度限りの決定である。たとえば、ある教育委員会が中学校を開設するために、売りに出ている土地を購入するか否か、のような決議である。あるいはコンサルティング会社が新しい顧客サービスの路線を開設するか否か、である。このような決定は、功を奏せば大きな報酬が期待できる。

第2の領域にある決断とは、もっと型通りのものである。それは頻繁に行われ、首尾よくいけば結果を大きく左右する。たとえば、コンサルティング会社が顧客との取引に対してどのようにスタッフを配置するか、というようなものである。あるいは編集長が雑誌にどのような記事を載せるか。このような決定は組織の中で毎日のように行われている。この領域に属する決定には、あなたを成功に導くのに重要なものもある。

どの決断があなたの直接の注意や介入にふさわしいものかを明らかに表現することで、

委任した決断についての懸念を表明されたとき、いつ、どのように対応するかの判断をよりよくすることができるだろう。

8. Sabotage by Is-It-Really-Our-Call?
「それはわれわれの仕事か？」によるサボタージュ

前進し決断せよ

成功する組織は、競争相手より早く決断し実行する。しかし、どのような決定をすべきか、誰がその決定に責任を取るべきかについて曖昧さが残る組織では、**「それはわれわれの仕事か？」によるサボタージュ工作員**が姿を現し、決断に取り組む人々の中に入り込んで影を落とすことが多い。その影響は計り知れない。決断にかかる時間が延び、機会が失われ、それに取り組む人々は疎外感や怒りを覚え、最終的にその組織はごく平凡なものに成り下がってしまう。そしてちょうど、OSSが「サボタージュ・マニュアル」の中に最後の戦術として含めた通りの結果を生み出すことになる。

私たちのメッセージは次のようなものだ。組織の規模にかかわらず、決断をするチームの統率者であれメンバーであれ、すべてのリーダーは、到達すべき決定を明確に定義し、その過程の中でそれぞれが担う役割を明確に理解するべきだ。そして頻繁な連絡を確実にすることで、**「それはわれわれの仕事か？」によるサボタージュ**を阻止することができる。この2点を定着させれば、グループの権限を問うサボタージュ予備軍を十分な自信をもって却下することができるだろう。すなわち、グループには決定に到達する権利があり、適正な権限と速度による決断から脱線することがなくなる、ということだ。

9

Modern Sabotage by CC: Everyone

〈関係者すべてにCC〉による現代のサボタージュ

関係者すべてにCC。
できるだけ頻繁に、末端まで
届くように、関連する者
すべてをリストに入れて
最新情報を送付せよ。

Prepared under direction of
The Director of Strategic Services

OSSの規則は時代を超越するが、時とともに新たに現れる技術や組織の形態は、サボタージュの新種を生み出す。もしOSSのサボタージュ専門家が現在マニュアルを書いているとすれば、Eメールによる新しいサボタージュ技術を必ず含めるだろう。

調査機構のラディカティ・グループは、会社組織の平均的なEメール利用者は、1日およそ121のメールを受信送信する、と報告している。[1] もちろん、私たちの大多数、ことに経営に携わる者はそれよりはるかに多くのものを扱う。現在、私たちは皆、送られてくるメールの絶えることない大波に晒されて暮らしている。ふだんでも忙しい毎日なのに、適切に処理するにはあまりに多い数だ。その多くは読まずに消すか、タイトルと最初の数行をチラリと見ただけで削除してしまう。その上、スレッド形式で他のメールが積み重なったメールである場合には、誰もがその全体を読み、内容を理解していると推察するのは、危険なことである。

なぜこれほどまでにメールが繁殖してしまったのか？　この比較的新しい発明が、なぜ私たちの生活にこれほどまでに侵入したのであろうか？　コンサルティング会社のマッキンゼー社によると、マネジャーや専門職の週の仕事時間の28％がメールの処理につぎ込まれている。[2]

完全なスパム（広告）は別として、その答えは単純である。それは有害なCCというオプションである。

もともとの「サボタージュ・マニュアル」が作成されたときには、「CC」は文字通り「カー

9. Modern Sabotage by CC: Everyone
〈関係者すべてにＣＣ〉による現代のサボタージュ

ボン・コピー」であった。タイピストはごく薄手のカーボン紙、すなわち片側に乾いたインクがついている薄いロウ引きの紙を、2枚の用紙の間に挟んでタイプライターにセットした。こうしてタイプされた内容のコピーが作成されたのだ。強く打てるタイピストは2枚のコピーを取ることができて、その場合には1枚がファイルされ、後の1枚は受信者以外の誰かに回された。こうして、他の誰にその書類が送られるかを、受信者がわかるように、末尾に「ＣＣ」と記入する習慣が生まれたのだった。

当時、複写機が登場するのはまだ先の話だったので、このやり方が手紙や覚え書き、報告書の2枚目3枚目を、もう一度タイプし直すことなしに生み出す実用的な方法だった。

今では書類のコピーを同時に複数の者に配布するのはずっと簡単なことになった。メールを作成するときに、好きなだけ個人やグループの名前を打ち込めばよい。受信者を追加するのも、ボタンをクリックするだけだ。あらゆる方面に情報を流す場合にも、「全員に返信」を押せば苦もなくできる。ほとんどの場合、「情報を伝え」「情報を更新し」、あるいは「情報の環に入れておく」ために、チームの配信リストに「ＣＣ」あるいは「ＢＣＣ」すればよい。しかし、このようにあらゆるメールを「ＣＣ」することが、人々に情報を伝えているとは限らない。さらに、受信者のリストが長ければ長いほど、受信者が実際にメールを開いて読み、内容を理解し実行することはありそうにない。

誰かが多数の人に「全員に返信」を押してコピーを流すとき、実際には、自分を守っているのだ。いったん「送信」を押してしまえば、誰かが返信してきて「私には言わなかった」とか「前もって相談すべきだった」、あるいは「なぜ私のところに情報が来なかったのだ？」とは言ってこないからだ。コピーが送信されたので、そのことを知っている、いや、知っているべきなのだ。一言も話されなかったけれども、その人は「告げられた」のである。

　こうしてコミュニケーションの負担とその責任は転嫁された。今や送信者はその責任を逃れ、メールのコピーを受け取った者が、その決定、行動、あるいは、偽りの情報、読み落とし、メール受信ボックスの混乱、長いメールスレッドの一番下にあることなど、諸々の責任を集合的に引き受けることになってしまった。

　これはサボタージュ工作員には理想的な状況である。１９４４年には存在しなかったが、もしあったとしたら必ずやＯＳＳのリストに含まれたであろう。実に、**〈関係者すべてにＣＣ〉によるサボタージュ**は、現代の職場の主流となっている。あらゆる規模の作業グループで、意図的ではないサボタージュ工作員は好きなだけの「ＣＣ」や「ＢＣＣ」を流し、人々のメール受信箱をいっぱいにさせ、意思決定の過程を遅らせている。そしておそらくもっと危険なことは、同僚や上司にも情報が回っているので、もし自分のしていることが路線に沿っていなければ指摘してくるだろう、と信じ込んで仕事を続けることである。

　毎日受信しているメールの量を考えれば、これは妥当な推量とはいえない。

〈関係者すべてにＣＣ〉によるサボタージュが職場で起きているかどうかは比較的見つ

けやすい。自分の受信箱をじっくり見てみるとよい。メッセージのいくつかが直接あなたに送信され、いくつがあなたの名前が送信リストに載っているゆえに受信したメールだろうか？　これらのメールはあなたに関連のあるものか、それとも一瞥をくれただけで削除するか、電子ファイルの中に隠しておくものだろうか？　送信リストはあまりに幅広いものだろうか？　リストの全員が各メールの話題に関して情報の環に入っている必要があるだろうか？

最も重要なことは、単にあなたにメールのコピーを送ったからというだけで、相手があなたに情報を伝えたと考えているかどうか、ということである。同僚や部下が「でも、先週伝えておきましたが」と言うものの、「伝えた」というのがあなたに（他の件と一緒に）「ＣＣ」しておいた、ということがあるだろうか？

もしその答えが「イエス」であれば、ここで一仕事する必要がある。

「〈関係者すべてにＣＣ〉によるサボタージュ」を瞬時に修正する

まず第1に、この手のサボタージュは起きているそのときに修正する必要がある。この形でサボタージュされたことに気づくと、無条件反射的な欲求に負けて（そして当然まずい終わり方になるのだが）、同じやり方で返答し、1人の名前だけをあげ、あとは皆「ＣＣ」

にして、相手方の組織全体に送りつけてしまう可能性がある。しかしこれは無礼なことだし、問題をさらに悪化させるだけである。

そうではなく、あなたの返答は慎重で効果的なものであるべきだろう。次の3つのステップを取ることをお勧めする。

配信リストから自分の名前を外すこと

もしメールの受信箱が何百、もしかしたら何千もの、一方的に送られてくる未読のメッセージで埋まっているときには、ある程度の時間を費やして、それらがあなたにとってどれほど重要で役に立つものであるかを査定する。そのどれもが、仕事をする上で決定的に重要な情報を含んでいるだろうか？　時折必要とするデータを入手できるものか、あるいはそれは別の方法で手に入れられるものなのか？　それとも、まったく必要のないものだろうか？

たとえば、週のスケジュールに関連するもの、予定されているイベントや締め切りに関連するものは必要だろう。しかし、その他の多くは、知っていると心地よいだけのものかもしれない。ブック倶楽部の毎月の最新情報のようなものだ。あるいは受け取りはしても実際にはけっして読まないニュースレターかもしれない。それからスパムがある。その内容はまったく必要ではない。

あなたのメールシステムはすでにこの種のメールを排除することができるかもしれないが、それをもっと磨き上げることはできる。定期的なメールで、あなたに重要でないものがあれば、それを除去するか、送り手に配信リストから外してくれるように依頼できる。その一方で、内容はあなたにとって意味があるが、配信されたメールがあなたに情報をきちんと伝えていない場合には、次の手立てを取る必要がある。

必要な情報は個人的に伝えてくれるように依頼する

（上司に言うことはできないが）同僚や部下には、自分の名前をグループ配信の「CC」リストに入れることが、個人的に情報を伝えることにはならない、と告げることだ。誰かがあなたに何かを「知って」ほしければ、会議や電話、メッセージ、個人のメールなど、個人対個人の直接的な接触をするべきである。配信リストの「CC」欄にあなたをつけ足すことは妥当な手段ではない。場合によっては直接の個人メールでも、明確にあなた気付になっていないと届かないこともあり得る。

もしあなたから48時間以内（締め切りのある場合は当然もっと早いかもしれないが）に返答がない場合には、催促を送ってほしいと伝える。覚えておいてほしいが、ただ単に「受領」の返答をするだけでも、貴方がメッセージをきちんと読んだか、そうするつもりだ、ということを意味するのだ。

件名に優先度か行動順位を明記する

返答を必要とするメールを送るときはいつでも、件名の欄に「要返信」と明記する。もし時間的制約がある場合には、「期日厳守」あるいは「要返信」に日付を加えておくことだ。さらに、あなたがいつも応対する人々に、即刻の対応が必要な場合は同じようにしてほしいと伝える。

件名についてつけ加えると、メールの内容を変更するときには件名も新しいものにすべきだと伝えておくとよい。そしてあなた自身もそれに従うべきだ。「要返信：予算に関する重大な疑問」という件名がつけられるべき新しい話題が始まっているのだが、すでに15回もやり取りをしていた「休暇パーティについて」という件名のままであるとすれば、それを見逃してしまうのは簡単なことではないだろうか？　意図しないサボタージュ工作員は、メールによる対話を「さて、話は変わるが」と断ることなしに、話題を変えることのできる仲間内の会話のように扱う。だが、Ｅメールによる会話は、ことさらに明らかな合図を必要とするものなのだ。もし話題を変えようとするときは、新しいメールのやり取りを新しい件名で示して始めるべきだ。あるいは、やり取りの中で、少なくとも件名は変更すべきだ。

「〈関係者すべてにCC〉によるサボタージュ」を阻止する

幸いなことに、〈関係者すべてにCC〉によるサボタージュは、次のステップに沿って阻止することができる。

定期的な最新公式情報を発行する

ボブは以前の職務の1つで、常に20から30ものプロジェクトに携わっていた。もし彼がその一つひとつのメールのコピーや、プロジェクト・マネジャーやそのチーム、顧客の幹部などとの日々のやり取りを受け取っていたら、押し寄せる情報の津波に溺れていたことだろう。幸いなことに、ボブの会社は週ごとの「速報」を発行していた。1枚の用紙に、プロジェクト・マネジャーがすべての関係者に対して、前の週の重大事、次の週の重要事項、未解決の重要事項、予定される会議や連絡を伝えることになっていた。このようにしてボブや他の者たちは、何千ものメールから探し出すことなしに、すべてのプロジェクトの実情を把握することができ、必要に応じてその詳細を丹念に調べることができた。

たしかに、発行される最新情報の伝達が、私たちが避けるように提案した、配信メールリストで行われることもあるかもしれない。ここでの違いは、それが要請され、予期されたメールであるということである。それは何千もの無関連なコミュニケーションに代わるものであり、受信者は「ＣＣ」リストに載っているのではなく、主要な受信者なのだ。

発行される最新情報の配信は、週ごとの電話やテレビ会議の形式ですることもできる。あなたのグループや状況に最もふさわしいものにすればよい。

必要な情報を皆が必ず受け取ることを保証する

メールの使い過ぎを生み出す原因の1つは、限定された受信者に向けての情報を取捨選択できないことであろう。すべての人にあらゆる情報を送りつけるのは簡単だ。しかし、決断をしなければならない人に送る情報、あるいは、その実施に携わる人やその成果に責任を負う人に送る情報を、その情報をただ知っていればよい人への情報と区別して構成することは努力を要する。その情報を理解していればよいだけの人に、行動を起こさなくてはならない人と同じメールを配信するのはよい考えとはいえず、逆に行動を起こす人だけが必要としている実施要項を、全員に配信するのもよくない。もみ殻と小麦を選別して何を読み取ればよいかを、皆が判断できると決めてかかってはいけないということだ。

さらに、ある事柄についての情報を知っているべき人々には、未構成のデータの中から取捨選択を依頼するのではなく、わかりやすいように構成され、提示された情報を送るようにも主張しなければならない。第2章で述べたように、データと利用可能な情報は同じではない。情報の下敷きになることと、知らせを受けることとは異なる。送信者は的確な情報を受信者に流すために、自分が「重労働」をする義務があることを自覚すべきである。

メールは個人的な対話の代用品ではない、という文化を創り出す

レストランで食事をしている家族の全員が、それぞれのデバイスの画面を見つめているという光景は、誰もが見たことがあるだろう。スマートフォンやタブレットは、他の人とコミュニケーションを取るとき、相手と話すことを差し置いて、主要な手段となりつつあるように見える。

これは便利なことのように見え、残念ながら、すべてがその方向に向かっているように思われる。だが、ここで交わされている情報というのが重要で、一刻を争うものかどうかは疑問である。交換される情報の質が重要であり、そのことについて誰かと、あるいはチームと行きつ戻りつ対応するなら、それは画面から離れてするべきではないか。その対話は相手と向き合って続けよう、と提案することだ。簡単な会議や電話は、テキストやメールを送るより時間がかかるが、関係者全員が明瞭な理解に到達することができる。アウグスティヌスの言葉によれば、「ともに歩むことで解決できる」のである。ここでの意味は、ともに会場まで歩いていくことである。

あなたは必ず**〈関係者すべてにＣＣ〉によるサボタージュ**を撃退できる。それだけでな

く、あなたがこの本に述べられたあらゆるタイプの意図しないサボタージュを防衛し、撃退できると、自信をもって言える。しかし最後に、これだけは言っておきたい。人々が集まって仕事をする場所、そして新しい組織が生まれ、技術が進展する場所においては、必ず不慮の、無意識のサボタージュが起こる。くれぐれも油断しないように！

謝辞

編集長というよりも、私たちのパートナーであると考えているレジーナ・マルーカに特別の感謝を捧げたい。彼女はこの著書の、アイデアの芽生えの段階から、原稿を完成させるまでの舵取りをしてくれた。ニーリム&ウィリアムズ社の秀逸なエージェントであるキャサリン・フリンに感謝の意を表する。また、ハーパー・ワンのシニア編集者である、洞察力に満ちた多才なジェノヴェヴァ・ロッサと彼女の同僚たち、ハナ・リヴェラ、キム・デイマン、メリンダ・マリン、リサ・ズニガに感謝する。彼女ら一人ひとりが「日常にあるサボタージュ」の何たるかを展望と洞察をもって理解し、そのメッセージをいかに最良の形で出版物とするかに協力してくれた。ストラテジック・オフサイト・グループのルチア・ガムは、私たちが軌道に沿い目標に向かうように導いてくれた。同グループのチームメンバーであるボビィ・アサディシャッド、マイケル・カツマン、アンドリュー・マキルレス、ダン・プラーガー、およびサラ・ワイスキテルも皆重要な役割を果たしてくれた。彼ら全員に感謝の意を表し、またこの仕事を通しての期間、面談に承諾し、引用やその他の知的サービスを快諾してくれたすべての人々に厚くお礼を申し上げる。

注釈

はじめに

◆1 米国戦略諜報局長官ウィリアム・J・ドノヴァン指揮によるSimple Sabotage Field Manual, Strategic Services Field Manual No. 3 (Office of Strategic Services, January 17, 1944), 28. 越智啓太（監訳・解説） 国重浩一（訳） ２０１５ サボタージュ・マニュアル―諜報活動が照らす組織経営の本質― 北大路書房

1．従順によるサボタージュ

◆1 この話はジェイムズ・T・ジーゲンファスJr.による著書『顧客優先―組織的なサービス設立の方法―（*Customer Friendly: The Organizational Architecture of Service*）』の中で述べられている。(University Press of America, 2007), 135.

2．演説によるサボタージュ

◆1 http://www.urbandictionary.com/define.php?term=Long%20Talker を参照。（２０１７年10月５日閲覧）

3．委員会によるサボタージュ

◆1 Alan Deutschman, "Inside the Mind of Jeff Bezos," Fast Company, August, 2004. http://www.fastcompany.com/50541/inside-mind-jeff-bezos（２０１７年10月5日閲覧）

◆2 Joan S. Lublin, "Smaller Boards Get Bigger Returns," Wall Street Journal, August 26, 2014. http://www.wsj.com/articles/smaller-boards-get-bigger-returns-1409078628（２０１７年10月５日閲覧）

4．無関係な問題によるサボタージュ

◆1　Robert M. Galford and Anne Seibold Drapeau, *The Trusted Leader: Bringing Out the Best in Your People and Your Company* (Atria, 2011), 67.

6．以前の会議での決議を再び持ち出すことによるサボタージュ

◆1　Noel Tichy and David Ulrich, "The Leadership Challenge — A Call for the Transformational Leader." *Sloan Management Review*, **26**, no. 1 (1984), 63.

7．過度な用心深さによるサボタージュ

◆1　Tina Fey, *BossyPants* (Regan Arthur, 2011).

◆2　Amy Nordrum, "Hacking Fear," Psychology Today, September 2, 2014.　https://www.psychologytoday.com/articles/201409/hacking-fear?collection=157211（２０１７年10月５日閲覧）

8．「それはわれわれの仕事か？」によるサボタージュ

◆1　ロブ・ガルフォード考案「決定権のフレームワーク」

9．〈関係者すべてにCC〉による現代のサボタージュ

◆1　"Email Statistics Report, 2014-2018," The Radicati Group, Inc., Editor: Sara Radicati, PhD. http://www.radicati.com/wp/wp-content/uploads/2014/01/Email-Statistics-Report-2014-2018-Executive-Summary.pdf（２０１７年10月５日閲覧）

◆2　Michael Chui, James Manyika, Jacques Bughin, Richard Dobbs, Charles Roxburgh, Hugo Sarrazin, Geoffrey Sands, and Magdalena Westergren, "The social economy: Unlocking value and productivity through social technologies," McKinsey Global Institute Report, McKinsey & Company, July, 2012.　http://www.mckinsey.com/industries/high-tech/our-insights/the-social-economy（２０１７年10月５日閲覧）

監訳者あとがき

第二次世界大戦は史上最大の、兵士と兵士、兵器と兵器の、力でのぶつかり合いの戦争であったわけですが、実はこの戦争は力のぶつかり合いという側面以上に、情報と情報、大衆操作と大衆操作のぶつかり合いという、情報戦争としても重要な戦いでありました。もちろん、古来から戦争において情報が重要な要素であったというのは確かだったのですが、それが国家や軍部に明確に認識され、使用されたという意味では、世界初の情報戦争といっても過言ではないでしょう。この時代、戦争における情報や大衆操作の重要性を最もよく認識していたのはナチスドイツであり、ヒトラーやゲッベルスでしたが、もちろんアメリカやヨーロッパもそれに追従して、さまざまな情報作戦を実施しました。アメリカにおいてその作戦を仕切ったのは、戦時情報局（OWI: Office of War Information）と戦略諜報局（OSS: Office of Strategic Service）です。このうち、ＯＷＩは、正しい情報をフォーマルな形で国民に伝えるという活動を行っていた組織でしたが、一方のＯＳＳは、さまざまな諜報活動や情報操作、レジスタンス活動など影の活動を行っていた組織です。彼らの活動はブラック・プロパガンダといわれています。

さて、本書の元となった、*Simple Sabotage Field Manual*（1944;「サボタージュ・マニュアル」）◆1 は、ＯＳＳがレジスタンス向けに編集した「業務妨害の手引き書」です。これはちょっとした妨害活動によって、枢軸国軍の経済活動やインフラを徐々に弱体化させていこうというものです。たとえば、「排気弁にゴミを詰める」とか「ガソリンエンジンのタンクに砂糖を入れよ」などの細かなレジスタンスのアイデアが大量に示されています。OSSのこのマニュアルは、長い間機密扱いでしたが、その後、機密解除され、今では誰でも見ることができるようになっています。少し古い機械を対象にした手口もありますが、この資料自体、なかなかおもしろいものですので、ぜひ一読することをお勧めします。

ただ、実際このマニュアルが公開された後、大きな反響を呼んだのは、組織運営や会議におけるサボタージュについて書かれた部分でした。たとえば、「以前の会議で決議されたことを再び持ち出し、その妥当性をめぐる議論を再開せよ」「何事をするにも決められた手順を踏むように主張せよ、迅速な決断をするための簡略化した手段を認めるな」などの部分です。この部分は、多くの人々に大きなインパクトを与えました。なぜなら、自分たちの属する会社や組織で日常的に行われている行動が、そこにはサボタージュとして記載されていたからでした。「うちの会社で行われていることは、サボタージュだったのか！」というわけです。

しかし、このマニュアルでは、それぞれのサボタージュが現代の組織において、実際にどのように現れてきているのかということや、そもそもその原因は何か、どのように防いでいくことができるのかなどの問題については、一切触れられていませんでした(サボタージュ実行手引き書なので当たり前ですが)。そのため、もう少し深くこれらの問題を掘り下げてみたいと思う読者も少なくありませんでした。そこで、組織運営についての知識と経験豊富なメンバーが集まり、この問題を具体的にわかりやすく紹介したのが、本書『アンチ・サボタージュ・マニュアル　職場防衛篇─組織を破壊から守る9の戦術─』です。*Simple Sabotage Field Manual*（「サボタージュ・マニュアル」）を現代の組織の効率性の診断やその運営に、実践的に活かしていくための、分析とアイデアが詰まった画期的な書籍になっています。

訳者の国重浩一氏とバーナード紫氏については、心理学の専門知識も確かであり、翻訳も読みやすく細かな部分まで考え抜かれているものでした。監訳者の私としてはほとんど注文もつけることがなく、むしろ日本語版の最初の読者として、楽しませていただきました。書籍を企画し出版するためにはたくさんのメンバーの働きが重要ですが、その中で出版社の人々はいつも裏方に徹していて、表に出てくることはあまりありません。しかし、前書『サボタージュ・マニュアル─諜報活動が照らす組織経営の本質─』や本書『アンチ・サボタージュ・マニュアル　職場防衛篇』に関しては、我々、監訳者や訳者以上に北大路書房の若森乾也氏、奥野浩之氏が果たした役割が大きかったことはここに記しておく必要があるでしょう。今、この興味深い本を皆さんが手にし、日本の組織におけるさまざまな問題点が改善されていくならば（そしておそらく、この本を通読すればそれが可能となるでしょう）、それは彼らの貢献だといえるでしょう。

二〇一七年十一月

越智　啓太

◆1　日本語版は、越智啓太（監訳・解説）　国重浩一（訳）　2015　サボタージュ・マニュアル―諜報活動が照らす組織経営の本質―　北大路書房

ボブ・フリッシュ（Bob Frisch）

ストラテジック・オフサイト・グループ（Strategic Off-sites Group）の業務執行パートナー。世界的な戦略促進指導者として認められており，多国籍フォーチューン10社やドイツのミッテルスタンドのビジネスなど，15か国にわたって遠隔オフィスを設計･設立した。「機能する遠隔オフィス（*Off-Sites That Work*）」を含む，ハーバード・ビジネス・レビューの4つの主要記事の著者である。『チームが決断できないとき（*When Teams Can't Decide*）』は，ハーバード・ビジネス・レビューにおいて「読むべき記事」トップ10の1つに数えられている。最初のベストセラー『部屋にいるのは誰か―偉大なリーダーはいかにチームを築き上げるか―（*Who's in the Room? How Great Leaders Structure and Manage the Teams Around Them*）』は12か国で出版されている。

キャリー・グリーン（Cary Greene）

ストラテジック・オフサイト・グループ（Strategic Off-sites Group）のパートナー。大規模な組織変革の際の戦略やリーダーシップ・カンファレンスなどで，理事，シニア・エグゼクティブの相談役。かつて「最も急成長を遂げた500の法人組織リスト」に数えられたコンサルタント会社を共同設立した経歴がある。キャリーは主要なビジネススクールの客員教授であり，ボブ・フリッシュとの新共著『機能するリーダーシップ首脳会議（*Leadership Summits That Work*）』はハーバード・ビジネス・レビューから出版されている。

著者紹介

ロバート・M・ガルフォード（Robert M. Galford）

センター・フォー・リーディング・オーガニゼイション（Center for Leading Organizations）の業務執行パートナー。管理者教育プログラムで教えるかたわら，世界的に指導的立場にある公営，私営および政府関係組織のシニア・エグゼクティブと仕事をともにする。ハーバード大学デザイン大学院の，管理者教育におけるリーダーシップ特別研究員であり，また全米法人理事協会の教授団に所属している。フォレスター調査団の理事でもある。『信頼できるアドバイザー（*Trusted Advisor*）』（邦訳：『プロフェッショナル・アドバイザー―信頼を勝ちとる方程式―』東洋経済新報社，2010年）『信頼できるリーダー（*Trusted Leader*）』および『リーダーシップの遺産（*Your Leadership Legacy*）』の共著者である。またハーバード・ビジネス・レビューを始め，多くの主要出版社から著作が出版されている。

国重　浩一（くにしげ こういち）……………………………【翻訳】

東京都墨田区生まれ

ワイカト大学カウンセリング大学院修了

鹿児島県スクールカウンセラー，東日本大震災時の宮城県緊急派遣カウンセラーなどを経て，

現　在：日本臨床心理士，ニュージーランド・カウンセリング協会員，ダイバーシティカウンセリング・ニュージーランド マネージャー兼スーパーバイザー，カウンセラー

専　門：ナラティヴ・セラピー，スクールカウンセリング，スーパービジョン，多文化カウンセリング

[主著]

『ナラティヴ・セラピーの会話術』（金子書房），『震災被災地で心理援助職に何ができるのか？』（ratik）

[訳書]

『ナラティヴ・アプローチの理論から実践まで』（北大路書房），『ナラティヴ・メディエーション』（北大路書房），『心理援助職のためのスーパービジョン』（北大路書房），『サボタージュ・マニュアル』（北大路書房），『ナラティヴ・セラピストになる』（北大路書房），『精神病と統合失調症の新しい理解』（北大路書房）

バーナード　紫（ばーなーど ゆかり）…………………………【翻訳】

東京都渋谷区生まれ

ロンドン大学教育研究所修士課程修了（英語教育）

ワイカト大学教育学部教育研究科ディプロマ修了（カウンセリング）

現　在：ニュージーランド在住　翻訳家，コミュニティ通訳士

[訳書]

『ナラティヴ・アプローチの理論から実践まで』（北大路書房），『ナラティヴ・メディエーション』（北大路書房），『心理援助職のためのスーパービジョン』（北大路書房），『ナラティヴ・セラピストになる』（北大路書房），『精神病と統合失調症の新しい理解』（北大路書房）

訳者紹介

越智　啓太（おち けいた） ……………………………………【監訳】

横浜市生まれ

学習院大学大学院人文科学研究科心理学専攻博士前期課程修了

警視庁科学捜査研究所，東京家政大学心理教育学科助教授などを経て，

現　在：法政大学文学部心理学科教授

専　門：犯罪捜査への心理学の応用，プロファイリング，虚偽検出，目撃証言，大量殺傷，テロリズム，デート DV 等についての研究を行っている。

[主著]

『ケースで学ぶ犯罪心理学』（北大路書房），『progress and application 犯罪心理学』（サイエンス社），『犯罪捜査の心理学』（化学同人），『法と心理学の事典』（共編，朝倉書店），『美人の正体』（実務教育出版）

アンチ・サボタージュ・マニュアル　職場防衛篇
組織を破壊から守る９の戦術

2018 年 1 月 10 日　初版第 1 刷印刷
2018 年 1 月 20 日　初版第 1 刷発行

著　者　R. M. ガルフォード
B. フリッシュ
C. グリーン
監訳者　越　智　啓　太
訳　者　国　重　浩　一
バーナード　紫
発行所　㈱北大路書房

〒603-8303　京都市北区紫野十二坊町 12-8
電話　(075) 431-0361㈹
FAX　(075) 431-9393
振替　01050-4-2083

印刷・製本 / 創栄図書印刷㈱
検印省略　落丁・乱丁本はお取り替えいたします。
ISBN978-4-7628-3003-7 C0034　Printed in Japan